열두 달 철학상담소

열두 달 철학 상담소

~ 연중무휴 고민 상담 중 ~

이진민
지음

북트리거

문을 엽니다

열두 달 철학 상담소를 개설합니다. 연중무휴 늘 문을 열어 두고 여러분을 맞으려는 책 모양의 상담소인데요, 매달 생생하게 튀어 오르는 제철 고민을 듣고서 함께 머리도 굴리고 마음도 굴리며 답을 찾아보려는 곳입니다. 여러분은 지금 어떤 고민을 가지고 있나요? 친구, 성적, 가족, 사랑, 진로, 용돈…. 어느 것 하나 만족스럽지 못하고 답이 없어 보인다고요? 인생이란 게 원래 정답이 없는 것이긴 한데, 그래도 결국 그렇게 갈팡질팡 답을 찾아가는 과정이 모여 우리 인생이 되는 게 아닐까 합니다. 그렇게 길을 걷다 막막한 느낌이 들 때, 편하게 찾아와서 잠시 드러누웠다 갈 수 있는 곳이 된다면 좋겠네요. 궁금한 것도 많고 흐린 날도 많은 청소년 여러분의 일상에 작고 단단한 위로가 되었으면 하는 바람으로 상담소를 짓습니다.

철학 상담소라니, 철학관 같은 거냐고요? 철학관의 철학이 그 철학이냐고 묻는다면 어떻게 답해야 할지 고민스럽겠지만, 일단 철학과를 나와서 철학관을 차리는 건 아니라고 말하고 싶군요. 사실 저는 철학과를 나오지도 않았는데요, 철학의 매력 중 하나가 바로 이렇게 누구든 철학자가 될 수 있다는 점일 거예요. (전공이 꼭 그 사람의 삶을 결정짓지는 않아요. 저는 정치학을 전공했는데, 그럼 나중에 정치하는 거냐고 묻는 친구들에게 지구과학을 전공하면 화석이 되는 거냐고 답해 주곤 했습니다.)

뭐, 굳이 말하자면 하는 일은 비슷하다고 할 수도 있겠네요. 철학관은 사주를 풀어서 길흉화복을 알려 주는 곳인데, 고민을 가진 사람들이 도움이 될 만한 조언을 들으러 가곤 하죠. 저희 철학 상담소에서는 여러분의 고민에 맞춰 제가 적절한 철학자들을 소환합니다. 이런 고민을 가졌다면 이 철학자를 만나 보면 어떨까요, 하고 매칭 서비스를 제공할 예정이에요. 여러분의 서툰 인생길에 건네는 철학자들의 위로라고 생각하면 좋을 것 같습니다. 사실 인생길이란 꼭 10대에게만 서툰 것이 아니라, 여러분 부모님뻘인 40~50대에게도 똑같이 서툰 거라는 점이 여러분에게 위로가 된다면 좋겠군요. 우리는 모두 고단히 걷고 있고, 철학은 길 위의 모든 이에게 시원한 물 한 모금이 되어 줄 거예요. 그러니 오늘 만난 철학자가 10년 뒤, 20년 뒤, 미래의 여러분에게 변함없이 든든한 친구가 되어 줄지도 모르죠.

누군가는 '철학'과 '상담'의 조합이 낯설다고 생각할 수도 있겠습니다. 상담은 보통 치료나 위로를 위한 것인데, 머리로 하는 것 같은 철학이 치료나 위로가 된다는 생각을 자연스레 하긴 어려울 수도 있어요. 다시 말해 철학은 '그저 머리를 굴리는 것'이라고 생각하는 친구들이 제법 많을 겁니다. 어디선가 여러분의 귀여운 불만이 들리는 것 같군요. '위로는 무슨, 철학을 하면 오히려 두통이 생기는 거 아닙니까!' 하지만 철학은 머리뿐 아니라 몸과 마음에 관한 것이기도 하고, 저는 우리 이성이 가진 치유력에도 주목해야 한다고 믿어요. 철학에는 사유를 통해 나를 이해하고 세상을 납득하는 과정에서 흘러나오는 치유의 힘이 있거든요. 저는 개인적으로 힘들고 답답할 때 약상자에서 약을 꺼내 먹듯 서가에서 철학책을 꺼내 읽으며 마음을 가라앉히는 경우가 종종 있는데, 사실 간편하게 복용할 수 있거나 그리 먹기 좋은 맛의 약은 아니에요. 수많은 질문과 생각의 끝에 무척 불편한 진실이 놓여 있기도 하고, 내가 한없이 작아지기도 하거든요. 하지만 이렇게 얻어 낸 깨달음은 약효의 지속력이 그만큼 좋답니다.

우리 인간은 원래 실수투성이예요(호모 서투르쿠스!). 살면서 필연적으로 실수도 하고, 적절하지 못한 선택도 하죠. 저는 그걸 조금씩 바로잡아 주는 것이 철학이라고 생각합니다. 늘 돌아보고, 방향을 살피는 일이 철학이 담당하는 일이거든요. 사실 마음을 다듬는 도구에는 여러 가지가 있어요. 문학도 좋고, 음악이나 미술도 좋지요. 나가서 냅다 달리는 것도, 춤을 추는 것도, 친구들과 어울려 공을 던지고 뻥뻥 차는 것도 얼마나 좋게요. 방구석에 드러누워 감자칩을 호로록 흡입하거나, 만화나 영화 같은 판타지 세계에 빙의하는 것도 마음의 회복력에 도움이 될 겁니다. 저는 꼭 철학만이 답이라는 말을 하려는 것은 아니에요. 철학이 주는 위로에도 귀를 기울여 보라는 말을 하고 싶은 겁니다. 마음을 다듬는 여러 도구 중에서 꽤 힘이 세고 효과도 좋은 편이거든요.

철학은 한마디로 '나를 돌아보고 세상을 읽는 일'이에요. 고민의 대부분은 내가 나를(혹은 내 마음을) 잘 모르겠다는 지점에서 시작되곤 하는데, 철학을 곁에 두면 나에 관해 자꾸 질문을 하게 되거든요. 그러면서 조금씩 나와 이 세상을 이해하게 되는 겁니다. 세상 사람들은 '삶의 무기가 되는 철학' 같은 표현으로 철학을 종종 무기에 비유하곤 하지만, 철학은 누군가를 해하기 위한 도구가 아니라 사람을 살리고 세상을 지탱하는 도구여야 한다고 생각해요. 그래서 무기가 아니라 지팡이에 가깝다고 생각합니다. 비틀비틀 길을 걸어가는 인간들에게 꼭 필요한 물건이죠.

고민이 너무 많아서 우울하다고요? 고민이 많은 것은 전혀 나쁜 게 아니랍니다. 그만큼 여러분이 스스로의 마음을 부지런히 살피고, 답을 찾으려고 노력한다는 뜻이니까요. 세상의 많은 좋은 것들은 사실 고민에서 시작하고 고민에서 나오는 것입니다. 사랑은 쉴 새 없는 고민의 여정이고, 여러분을 숨 쉬게 하는 스마트폰과 와이파이도 다 고민에서 나왔는걸요. 그러니 저는 여러분이 충분히 고민하기를 바랍니다. 이 세상의 수수께끼를 궁금해하고, 다정함과 거짓에 관해 질문하고, 정의와 자유, 평등 같은 단어가 좀 쓰더라도 입안에서 천천히 굴려 보기 바랍니다. 마음에서 잘그락 거리는 단어들을 쉽게 내다 버리거나, 공부라는 말로 외면하지 않기를 바라요. 우리의 인생은 그런 것들을 만나지 않은 채 굴러가진 않으니까요. 또 그런 것들을 진지하게 마주 보는 것 역시 아주 중요한 공부이니까요. 그러니 자꾸 비겁한 마음이 들 때는 칸트 아저씨나 슈클라 이모를 찾아가고, 밸런타인데이 같은 것 다 망해버렸으면 좋겠다는 생각이 들면 키르케고르에게 연애 상담도 받고, 공부를 집어치우고 싶을 때는 시몬 베유 언니를 만나 커피도 한잔하고, 인간관계가 힘들 때면 장자 할아버지랑 산책도 좀 했으면 좋겠습니다. 그렇게 숨을 고르면서, 내가 품은 중요한 질문들과 함께 천천히 길을 걸어가기 바라요.

저도 제 인생밖에 살아 보지 않아서 잘 모르겠지만, 제게 철학이 위로가 되듯이 여러분에게도 위로가 되어 줄 거라는 꽤 단단한 믿음으로 상담소의 문을 엽니다. 여러분이 가진 고민을 귀찮아하거나 너무 괴롭게 생각하지 말고 천천히 마주해 보세요. 인류 역사상 인생에 관해 가장 열심히 고민했을 철학자들이 무지갯빛 응원 봉으로 응원을 보낼 테니까요. 내 맘 같지 않은 인생이지만 우리 잘 살아 봅시다. 열두 달 철학 상담소, 시작해 볼까요.

— 2025년 3월, 독일에서
이진민

PLATON

일러두기

1. 이 책에 등장하는 단행본의 경우 국내에 번역 출간된 것은 번역서의 제목을 따랐으나, 출간 연도는 원서의 초판 출간 연도를 따랐다.

2. 외래어 표기는 국립국어원의 어문 규정과 용례를 따르되, 관용적으로 굳어진 일부 인명이나 '위버멘쉬' 등의 용어에는 예외를 두었다.

작심삼일
탈출하기

저스트 두 잇,
아리스토텔레스의 세뱃돈 같은 조언

1월의 상담
새해 결심, 올해도 작심삼일이 되지는 않을까요?

인간 본성으로서의 관성

새로운 해가 시작되었습니다. 아직 포장도 뜯지 않은 날들이 삼백예순다섯이나 주어진다니 기대되지 않나요. 모두들 어떤 목표를 세웠는지 궁금합니다. 취향에 맞는 플래너를 사서 벌써 빼곡하게 뭔가를 채운 학생도 있을 테고, 목표 따위 개나 주라며 살던 대로 그냥 살겠다는 학생도 있을 것 같아요(인간들은 뭘 자꾸 그렇게 개에게 주려고 하는지 모르겠습니다. 개이득이 이런 걸까요?). 전자는 18세기 독일 철학자 이마누엘 칸트Immanuel Kant의 후예들로 보입니다. 칸트는 무척이나 규칙적인 생활을 했기 때문에 그가 산책하는 것을 보고 동네 사람들이 시간을 알 정도였다고 하지요. 후자의 경우에는 중국 춘추 시대의 사상가 노자老子의 향기가 납니다. 살면서 힘을 좀 빼라는 쪽이죠. 칸트 쪽에 줄을 선 친구들은 목표를 향해 규칙적인 삶을 살겠다는 올해의 결심이 혹시 금세 무너지는 건 아닐까 걱정이 될 겁니다. 노자 뒤에 드러누운 친구들은 인생 뭐 그렇게 빡빡하게 살려고 하냐며 심드렁한 얼굴을 할 것 같아요. 어차피 작심삼일일 텐데 물 흐르듯 편하게 살자고요.

이렇게 우리가 뭘 결심하려고 할 때, 늘 팔짱을 끼고 어디 한번 해보라는 듯 쳐다보는 사자성어가 있죠. 바로 작심삼일(作心三日) 입니다. 단단히 먹은 마음이 사흘을 가지 못한다는 말. 하지만 일단 어떤 결심이든 하고서 그걸 3일이나 지속한다면 이미 훌륭한 겁니다. 내게 부족한 것을 짚어 보는 일, 앞으로 하고 싶은 일을 헤아려 보는 일. 사실 그 두 가지만으로도 인생의 각도를 어느 만큼 튼 것이니까요. 각도를 조금이라도 틀어 두면 시간이 좀 걸려도 서툴게나마 그리로 가게 되거든요. 꼭짓점 부근의 각도는 벌어졌는지 아닌지 알아보기도 어렵지만, 선을 쭉 그어 보면 어느새 기준선과 전혀 다른 곳에 가 있잖아요. 그러니 사흘밖에 못 지켰다고 속상해하지 말고, 사흘이나 지킨 것을 기뻐해도 좋습니다. 하루만 지킨 사람보다는 무려 세 배나 더 지킨 것 아니겠어요?

사실 작심삼일은 인간의 본성 같은 것이기도 합니다. 우리는 대체로 뭔가를 지속하는 일에 서툽니다. 제가 본 통계에서는 새해 결심을 끝까지 유지하는 사람이 10퍼센트도 채 안 된다고 하더라고요. 그만큼 우리 몸과 마음에서 관성의 법칙이 크게 작용한다는 말이기도 합니다. 세로토닌이라는 신경전달물질의 이름을 들어 본 적이 있을 거예요. 이 세로토닌이 활성화되면 의욕이 생기고 활력이 넘치는 상태가 되는데, 이 녀석의 지속 시간이 30분에서 90분 정도라고 합니다. 그러니 이 역경을 뚫고 사흘이나 시도

한 건 꽤 훌륭한 거죠. 로마의 황제이자 스토아철학자인 마르쿠스 아우렐리우스Marcus Aurelius도 그렇게 침대에서 나오기를 힘들어했다고 합니다. 그가 쓴 『명상록』(170년에서 180년 사이에 집필했을 것으로 추정)에 온통 일어나기 싫다는 말들이 가득하거든요.

아리스토텔레스의 조언

하지만 올해만큼은 프로 작심삼일러에서 벗어나고 싶다면 소개하고 싶은 철학자가 있습니다. "인간은 정치적 동물이다."라는 말로 유명한 고대 그리스의 철학자 아리스토텔레스Aristoteles예요. 우리에겐 논리학이나 정치학으로 많이 알려져 있지만 사실 아리스토텔레스는 습관 전문가이기도 합니다. 요즘으로 치면 자기 계발 전문가라고 할까요. 대형 서점에 가 보면 자기 계발 코너가 번쩍번쩍하게 앞으로 나와 있고 철학은 뒤편으로 조용히 밀려나 있지만, 고대 그리스에서는 철학이 곧 자기 계발이었답니다. 때로는 당연해 보이고 때로는 어처구니없는 질문들을 던지면서 새로운 눈으로 세상을 바라보게 하는 것이 철학이거든요. 마르쿠스 아우렐리우스처럼 자꾸 이불 속에 누워 있고 싶은 영혼들을 두들겨 깨워 의미 있는 삶을 살게 만드는 것이니, 세상의 모든 철학자들은 사실 자기 계발 전문가라고 불러도 좋을 것입니다. (저는 사실 우리 사회의 키워드로 오르내리는 자기 계발이라는 말을 별로 좋아하지는 않아요. 보다 나은 사람이 되라면서 꽥꽥 소리를 지르고 등을 떠미는 느낌이라고 할까요? 이 글에서 자기 계발의 의미는 그저 담백하게, '쉽게 주저앉지 않는 사람이 되는 것'입니다.)

『니코마코스 윤리학』(B.C. 350)이라는 책이 있습니다. 이 책은 아빠 아리스토텔레스가 아들 니코마코스에게 주는 조언으로 알려져 있어요. 잔소리가 가득한 책일 것 같다고요? 저도 예전에는 책까지 써서 잔소리하는 아빠를 둔 니코마코스가 참 살기 팍팍했겠다 싶었는데, 엄마가 되고 나서는 사랑이 가득한 책으로 보인답니다. 내 아이에게 책을 써 주는 그 마음은 아마 지극한 사랑일 테니까요. 이 책에는 인간으로서 가져야 할 미덕과 피해야 할 악덕들이 세세히 나열되고, 그 미덕을 갖추려면 어떻게 해야 하는지가 나와요. 어떻게 해야 하냐고요? 아리스토텔레스는 크게 두 가지를 말합니다. "일단 행동해라." "습관으로 만들어라." 둘은 사실 연결되어 있어요. 하나씩 차례로 살펴볼까요.

✦✦
행동에서 마음이 생겨난다

우리는 대체로 능력을 먼저 갖고, 그 이후에 어떤 행동을 하게 돼요. 보이는 눈이 있어서 하늘을 보는 거고 들리는 귀가 있어서 음악을 듣는 거지, 자주 보거나 들어야만 레벨이 올라가서 그 결과로 시각이나 청각을 갖게 되는 건 아닌 것처럼요. 하지만 미덕의 경우에는 먼저 열심히 실천함으로써 비로소 그 덕을 얻게 된다고 합니다. 그래서 일단 하는 게 중요해요. 좋은 목표가 있고 그걸 이루고 싶으면 저스트 두 잇, 그냥 하는 겁니다. 아리스토텔레스 말의 핵심은 우리가 자꾸 해 봐야 한다는 거예요.

우리는 집을 지어 봐야 건축가가 되고, 악기를 연주해 봐야 연주자가 된다. 마찬가지로 옳은 행위를 함으로써 올바른 사람이 되고, 절제 있는 행동을 해야 절제 있는 사람이 되며, 용감한 행동을 함으로써 용감한 사람이 된다.

— 아리스토텔레스, 『니코마코스 윤리학』제2권, 제1장 '덕은 습관을 통해 얻는다' 중에서

우리는 보통 마음을 먼저 먹고 그다음에 몸을 움직인다고 생각하는데 아리스토텔레스는 이것을 살짝 뒤집습니다. 행동에서 마음이 생겨난다고, 행동이 성품을 결정한다고 말해요. 이건 기상 미션에 자주 실패했던 마르쿠스 아우렐리우스도 같아요. 그 역시 생각을 그만두고 행동에 나서라고 누차 촉구합니다. 사실 오늘 할 일을 열 가지쯤 마음에 품고 세세한 계획을 짜느라 계속 누워서 아침을 홀라당 보내면 뭐 하나요. 일단 몸을 움직여서 이불 속에

서 나와야죠. 그렇게 침대에서 나와 받는 아침 햇살은 꽤 근사하거든요. 아무 생각 없이 시작했거나 싫은 일을 눈 딱 감고 도전했는데 그 행동에서 마음이 점차 생겨나는 경험, 다들 있지 않나요? 억지로 끌려 나간 새벽 운동이 의외로 기분 좋아서 내일 또 해야겠다고 생각하게 되거나, 아무 생각 없이 다른 길로 갔는데 새로 만나는 풍경이며 가게들이 좋아서 이후로도 익숙한 길보다는 새로운 길을 탐험하는 걸 즐기게 되는 경우 같은 거요. 행동이 마음에 끼치는 힘은 꽤 크거든요.

◆

미덕은 습관에서 생겨난다

그리스어에 재미있는 점이 있답니다. 습관(ethos, 에토스)과 윤리(ethike, 에티케)의 어원이 같다는 거예요. 좋은 습관이 윤리적 인간을 만들고, 그런 이들이 덕망 있는 사람이 되는 거겠죠? 미덕은 습관에 의해서 생기고, 습관이 미덕을 단단하게 만들어요. 둘은 반원의 원주 두 개를 딸깍 끼워서 만든 고리처럼, 맛있는 반반피자처럼 함께 굴러갑니다. 그래서 아리스토텔레스는 원하는 목표를 이루려면 그걸 습관으로 만들라고 말해요.

아까 행동에서 마음이 생겨난다고 했죠? 아리스토텔레스에 따르면 끊임없이 행위를 해 봐야만 비로소 생겨나는 것이 하나 더 있습니다. 바로 '중용(中庸)'이에요. 이것은 어떤 행위가 오랜 시간 쌓여야 생기는 거예요. 아리스토텔레스의 미덕에 관한 논의에서 항상 중요한 것은 '적절한 중간'을 끊임없이 연습하는 것입니다. 이리 치우치기도 하고 저리 치우치기도 하지만, 균형을 잡을 수 있게 잘 연습하면 결국 그 균형점이 습관처럼 몸에 착 달라붙어서 그 사람의 덕이 된다는 것이죠. 이것이 중용입니다.

예를 들면 용기는 무모와 비겁 사이에서, 관대함은 방탕과 인색의 양 극단 사이에서 중용을 이루었을 때 빛나는 덕이에요. 여기서 주의할 것은 중용은 '평균'이 아니라는 겁니다. 딱 중간이 아니라, 사람에 따라 또 상황에 따라 자기에게 맞는 지점이 제각각이에요. 10만 원에서 '중용으로서 관대함'이라는 지점은 누구에게나 5만 원이 아니라, 각자의 형편에 따라 달라지는 거죠. 여유가 꽤 있는 사람은 7만 원을 기부할 수 있겠지만, 조금 빠듯한 사람이라면 2만 원으로도 충분히 관대하다고 할 수 있을 거예요. 나에게 맞는 적당한 지점이란 건 계속 시도해 보지 않고는 알 수 없는 것이고요. 그래서 아리스토텔레스가 자꾸 해 봐야 한다고 말한 거예요. 니모를 찾아 긴 여정을 떠나듯 '난 이 정도가 적당한 것 같아'를 찾는 여정이 바로 중용을 찾는 길이랍니다.

그러므로 여러분, 부모님께 세뱃돈을 빼앗겨서는 안 됩니다. 관대함은 이렇게 어릴 적부터 스스로 사용할 수 있는 돈이 좀 있어서 그걸 계속 써 봐야만 기를 수 있는 미덕이에요. 사실 우리 문

화권에서 예로부터 재물은 인격 수양에 방해가 되는 것으로 여겨
지곤 했지요. 논어에서도 이(利)에 밝은 것은 소인(小人)의 특성이
라 하고, 최영 장군님께서도 황금을 보기를 돌같이 하라고 했어
요. 하지만 아리스토텔레스는 사람이 덕이 있으려면 돈이 좀 있어
야 한다는 얘기를 한 겁니다. 까까도 사 보고, PC방에서 돈을 탕진
해 보기도 하고, 그렇게 어릴 때부터 이런저런 경험들을 해 보면
서 경제 감각을 익히고 규모에 맞게 돈 쓰는 법을 스스로 다듬으
라는 거죠. 잘 보관해 주겠다며 세뱃돈을 가져가셨던 부모님들은
그런 의미에서 반(反)아리스토텔레스적인 행동들을 하신 겁니다.
이렇게 중용을 연습하면서 좋은 습관을 몸에 붙이는 일, 그렇게
감을 익히면서 계속해 보는 일, 이것이 아리스토텔레스식 자기 계
발의 열쇠인 것입니다.

✦

중용의 활용법

작심삼일을 피하려면 습관으로 만들어라. 그런데 사실 이 말은
상추에다가 상추를 싸 먹으라는 소리로 들리기도 합니다. 습관이
안 되니까 작심삼일이 되는 건데 작심삼일을 피하려면 습관으로
만들어라? 저는 이 문장에 '하찮은'이라는 단어를 하찮게 넣고 싶
습니다. 즉, '작심삼일을 피하려면 하찮은 습관으로 만들어라.'라고

요. 여기에서 아까 얘기한 중용이라는 개념을 사용할 수 있어요.

일단 '하찮음'부터 시작해 봅시다. 아까 작심삼일은 인간의 본성 같은 것이라 우리는 대체로 뭔가를 지속하는 일에 서툴다고 했지요. 그런데 생각해 보세요. 이 닦는 일이 고통스러울 만큼 힘든가요? 물론 손가락을 1나노미터도 움직이기 싫어 그대로 자고 싶은 날도 있지만, 우리는 대체로 이 닦는 일을 그렇게 어려워하지 않습니다. 내가 오늘 아침에 이를 닦았던가 싶게 무의식적으로 무심히 하기도 해요. 그건 그냥 매일 해서 몸에 익었기 때문입니다. 그러므로 어떤 목표를 이루기 위해서는 그걸 위한 작고 좋은 습관을 만드는 게 가장 좋습니다. 지속 가능하려면 하찮아야 해요. 하찮음은 우리를 편안하게 만들고, 부담 없이 지속할 수 있는 힘을 주거든요.

하찮게, 작은 것으로 시작하세요. 너무 불어난 체중을 조금 감량하는 것이 목표라면 일어나자마자 미지근한 물을 한 잔 마시는 귀여운 습관은 어떨까요. 이것만으로 변비가 개선되거나 감량에 도움이 될 수 있어요. 영어 공부가 목표라면 단어를 하루에 딱 두 개씩만 외우는 건 어떨까요. "저의 새해 목표는 하루에 영어 단어를 두 개씩 외우는 거예요!" 하고 이야기하면 부모님이 살쾡이 같은 눈으로 쳐다보실지도 모르겠지만, 꾸준히만 지켜진다면 1년에 730개나 되는 중요한 단어를 외우게 되는걸요. 여기서 중용을 활용한다는 것은 이런 거예요. 두 개조차 버거운 사람도, 두 개는 너무 쉬운 사람도 있을 거예요. 꾸준히 해 보면서 적당한 숫자를 잡는 거죠. 헬스장에서 기구에 설정해 둔 무게가 몸에 익으면 다음 단계로 넘어가듯이요. 넘어갔다가 무리라고 생각되면 다시 적절한 지점을 찾아 돌아오는 거고요. 저는 요리를 하다가 냄비가 끓지 않게 가끔 저으면서 쳐다보고 있어야 할 때 팔운동을 한답니다. 몸에 익으면 세트 수를 점점 늘리기도 하고요. 그래서 저는 냄비 안에 뭘 넣고 불을 켤 때마다 무의식적으로 양팔을 옆으로 쭉 펴는 버릇이 있어요. 이렇게 큰 노력이 들지 않는 작고 귀여운 습관들을 세팅해 놓는 것이 여러분에게도 작심삼일을 피할 수 있는 좋은 방법이 될 거예요.

일어나서 물을 한 잔 마시는 습관이 몸에 달라붙으면 무의식적으로 몸이 물을 찾게 됩니다. 이게 바로 아리스토텔레스가 말하는, 바람직한 습관이 몸에 익은 상태예요. 당장 큰 변화를 이루기보다는 점진적으로, 좋은 방향으로 아주 조금씩 나아가는 거죠. 그러니 하찮게 시작해서 적절한 지점을 찾아 습관으로 만드는 겁니다. 평범도 오래 차곡차곡 쌓이면 비범이 되듯이, 하찮음이 소복소복 쌓이면 위대해지거든요.

사실 철학도 그런 거예요. 『소크라테스 익스프레스』(2020)라는 재미있는 철학책을 쓴 에릭 와이너Eric Weiner는 "철학은 스파보다는 헬스장에 더 가깝다."라고 말합니다. 한 번에 효과적으로 사람을 치유하는 것이라기보다는 평소에 근육 키우듯 꾸준히 하는 거죠. 끊임없이 "왜?"를 물으면서요. 그러니 "뭘, 어떻게 바꾸고 싶은가?"라는 질문을 던지는 것보다 "왜 바꾸고 싶은가?"를 묻는 것이 여러분의 새해 목표를 밀고 가는 데 도움이 될 거예요. 그러다한 번씩 망해도 괜찮습니다. 실패란 '뭔가 했다는 흔적'이라고 했어요. 실은 그게 실패가 아닐 수도 있고요. 사실 우리는 너무 애쓰며 살고 있어요. 매년, 10년 넘게 작심삼일이면 그것도 참 일관적인 것 아닌가요. 그러니 너무 자신을 다그치며 살지 않아도 괜찮습니다. 정말이에요. 괜찮습니다.

노자, 80퍼센트의 지혜

'하찮은 습관을 지속하라니, 저게 과연 맞는 말일까?' '나는 이제 입시가 코앞으로 다가왔는데, 하찮게 해서 도대체 목표한 걸 언제 다 채우겠어.' 이런 의심이 드는 친구들이 있을 겁니다. 전력을 다해 달려가야 하는 게 아닐까 고민이 되는 친구들 말이죠. 하지만 하루를 전력으로 질주하는 것보다는 조금 천천히 가더라도 일주일을 꾸준히 걸었을 때 더 많은 거리를 갈 수 있다는 사실을 이미 여러분도 알고 있습니다. 목표가 크고 어려울수록 우리는 계획을 짤 때 지속 가능성을 염두에 두어야 해요. 하찮아 보이더라도 꾸준히, 즉 가늘고 길게 갈 수 있는 방법을 생각해야 하는 것이죠. 그러니 천천히, 쉬어 가며 하는 것이 중요합니다. 개인적으로 는 아마 천재가 아니었을까 의심되는 오스트리아 출신의 20세기 철학자 루트비히 비트겐슈타인Ludwig Wittgenstein은 모든 철학자들이 서로 "천천히 하세요!"(Laß Dir Zeit!, 라스 디어 차이트)라는 말로 인사 를 건네야 한다고 했어요. 우리 함께 느긋해지자는 인사, 속도가 삶의 모토가 되어서는 안 된다는 지혜로운 인사. 저는 이 인사가 여러분의 교실, 학원, 독서실이나 스터디 카페 같은 곳에서도 널 리 사용되었으면 좋겠군요.

아무리 그래도 뒤처진 걸 따라잡으려면, 남보다 앞서려면, 도 저히 느긋하게 갈 수는 없다고요? 그렇다면 앞서 언급한 노자 할 아버지의 말씀을 들려주고 싶네요. 노자는 『도덕경』에서 "도를 터 득한 사람은 항상 채우려 들지 않는다."라고 말합니다. 저는 이 말 을 여유나 여백의 중요성을 강조하는 말로 해석하고 싶어요. 쉽 게 말해서 '성공의 비결은 80퍼센트의 지혜에 있다'는 거죠. 자신 의 힘을 매번 100퍼센트 써서, 정말 하얗게 불태워서 일을 해내는 것은 보람 있고 멋진 행동일 수는 있지만 사실 그렇게 현명한 일 은 아니거든요. 내 힘의 80퍼센트 정도를 써 가며 다소 여유롭게 일상을 꾸려 가는 사람은, 위기의 순간이 닥쳤을 때 비축해 두었 던 힘을 사용하여 120퍼센트의 능력을 발휘할 수 있게 됩니다. 그 러므로 단기간에 모든 것을 쏟아부어야 할 일이 아니라면, 시선을 멀리 두고 내가 가진 시간과 힘을 여유롭게 배분하는 편이 결국 더 좋은 결과를 낼 수 있다는 말이죠.

　다소 모호하게 느껴진다면 좀 더 구체적인 예를 들어 볼게요. 다이어리에 빡빡하게 적힌 일정을 잘 소화해 내기 위해서 꼭 필요한 게 뭔 줄 아세요? 바로 아무 일정도 채워 넣지 않는 날을 만들어 두는 거예요. 날마다 빈틈없이 뭔가를 적어 둔 일정은 로봇이 아닌 이상 지키기 어렵습니다. 우리는 몸이 아플 때도 있고, 우울해서 집중이 안 되는 날도 있고, 내 의지와 상관없이 주변에서 일어나는 일로 인해 크게 영향을 받는 날도 있어요. 그러므로 반나절이든 하루든 중간중간 여백을 심어 놔야 밀린 것을 채우면서 내가 원하는 흐름을 이어 갈 수 있는 것이죠. 그렇게 계획도 80퍼센트 선에서 짜 두면, 여유로운 마음 상태를 유지하면서 조금 더 튼튼하게 갈 수 있는 힘이 생겨요.

　콘크리트를 배합할 때 적절하게 포함되는 미세한 공기가 건물의 강도와 내구성에 도움을 준다고 합니다. 헐거움이란 것은 그렇게 우리를 숨 쉬게 하고 오히려 단단히 살게 해요. 저는 여러분이 새해를 맞아 어떤 목표를 품고 플래너를 펼칠 때, 이런 틈이나 헐거움을 염두에 두고 보드랍게 계획을 짜는 지혜를 갖기 바랍니다. 입시도 인생도 생각보다 긴 싸움이기 때문에 모두들 무리하지 않았으면 좋겠어요. 목이 늘어난 면 티 같은 하루를 보냈을 때, 스스로 머리를 쥐어박으며 자학하지 않아도 괜찮습니다. 애쓰지 않는 날도 있어야 애쓰며 살아갈 수 있는걸요.

✦

조금 늦더라도 꾸준하게

작심삼일이라는 말이 사자성어로까지 이어져 온 것을 보면, 우리 조상님들도 마음먹은 것을 지키는 데 참 애를 먹었나 봐요. 우리 할머니도, 우리 증조할아버지도, 마음먹은 계획을 사흘 넘게 지키는 걸 어려워했다고 생각하면 마음이 조금 풀어지면서 미소가 지어지지 않나요?

사실 저는 우리가 뭘 자꾸 애써 극복하지 않아도, 너무 이를 악물고 아등바등하지 않아도 된다고 생각합니다. (혼신의 힘을 다하지 않고서도 슬쩍, 유려하게 담을 넘는 구렁이가 제 롤 모델이에요.) 자기와의 싸움에서는 좀 져도 된다고 생각하는데, 어차피 나와의 싸움에서 나는 언제나 이기게 되어 있거든요. 내가 나랑 싸우는데, 당연히 내가 이기지 않겠어요? 어떤 내가 이기느냐의 문제인 것이지, 둘 다 나니까요. 그러니 괜찮습니다. 우리는 때때로 조금 게을러질 때도 있고, 이 세상 다 망해 버렸으면 좋겠다는 생각이 들면서 아무것도 하기 싫을 때도 있어요. 그럴 때는 미리 좀 느슨하게 만들어 둔 시간 안에서 그냥 쉬면서 힘을 채우는 겁니다.

대신에 조금 게으르더라도 꾸준히 가면 좋을 것 같아요. 우리가 다정하게 단호할 수 있듯이, 게으름과 꾸준함은 함께 갈 수 있거든요. 작심삼일을 극복하는 방법은 그렇게 계속 작심삼일을 이어 가는 거예요. 작심삼일을 한 열 번만 반복해도 우리는 1년 중 한 달 정도를 너무나 알차게 살게 되는걸요. 그렇게 작심(作心), 즉 마음먹기를 꾸준히 해 보세요. 그게 바로 아리스토텔레스가 말하는 습관의 힘으로 이어지는 길이라고 믿으면서요. 그렇게 동서양의 철학자들이 손을 꼭 잡은 모양새로, 아리스토텔레스 할아버지와 노자 할아버지의 말씀을 양손에 하나씩 쥐고 조금은 편한 마음으로 새해를 시작하기 바랍니다. 가끔은 갈팡질팡하고 때로는 길에 드러눕더라도, 꾸준히 걷다 보면 여러분은 분명히 새로운 곳에 도달해 있을 거예요.

습관보다 강한 건 없어!

꿈 꽂히는 철학자의 말

**아리스토텔레스 할아버지가 습관에 관해 남긴
좋은 말 두 가지를 들어 볼래요?**

습관에 관한 아리스토텔레스의 격언 중에서 제가 좋아하는 말이 있어요. 영어 문장이 그리 어렵지 않으니 한번 같이 볼까요? (네, 그리스어로는 저도 모릅니다!)

We are what we repeatedly do. Excellence, then, is not an act but a habit.

우리가 반복적으로 하는 행동이 결국 우리를 만들기에, 뛰어나고 탁월하다는 건 사실 행동(act)이 아니라 그 사람의 습관(habit)이라는 말입니다. 성적이 우수한 학생은 '시험을 잘 본 것'이라기보다 '그동안 꾸준히 노력한 것'이고, 뛰어난 운동선수는 '운동을 잘하는 것'이 아니라 '매일 열심히 연습한 것'이라는 말이죠. 이런 뜻에서 아리스토텔레스가 '우수성이란 결국 행동이 아니라 습관'이라고 말한 거예요. 비슷하게, 흔히 『플루타르크 영웅전』

31

이라는 책 이름으로 알려진 고대 그리스의 철학자이자 정치가 플루타르코스Plutarchos도 "사람의 성격이란 습관이 오래 지속된 것"이라고 했다는군요.

마이클 조던과 함께 미국 프로 농구의 간판스타였던 샤킬 오닐이라는 전 농구 선수가 '빅 아리스토텔레스'라는 별명을 가진 것을 혹시 알고 있나요? 그가 바로 아리스토텔레스의 저 말을 언급했기 때문이에요. 반복적으로 열심히 연습한 것이 샤킬 오닐이라는 뛰어난 선수를 만들었고, 그래서 사람들은 습관의 힘에 경의를 표하며 그를 저런 멋진 애칭으로 부르게 된 것입니다. (잘 모르는 농구 선수라고요? 영상을 한번 찾아보세요. 슬램덩크를 하며 백보드를 수차례 부순 전적이 있는 놀라운 선수랍니다.)

아리스토텔레스가 습관에 관해 남긴 말 중에서 여러분에게 들려주고 싶은 것이 또 하나 있어요.

어렸을 때부터 좋은 습관을 들였는지가 사실 모든 차이를 만드는 것이다.

이 말을 아직 어른이 되기 전의 여러분에게 꼭 전하고 싶습니다. 지금 들인 습관이 앞으로의 내 인생을 결정지을 수 있으니, 좋은 습관을 지금부터 꼬물꼬물 몸에 붙여 두면 참 좋겠지요. 습관보다 강한 건 없으니까요.

지금 여러분이 가진 좋은 습관은 무엇인가요? 저는 일어나서 가장 먼저 물을 한 잔 마시고 스트레칭을 하는 것, 그리고 주변 사람, 특히 서비스 직종에 계신 분들께 입버릇처럼 늘 고맙다고 말하는 것이에요. "고맙습니다"라는 말도 습관처럼 입에 붙여 두면 좋지 않을까 생각해요. 고마움의 표시가 습관이 되면, 분명 여러분 인생에 고마울 일이 더 많아질 거예요!

솔로의 번뇌

석가모니와 키르케고르에게 받는
자존감 뿜뿜 연애 상담

2월의 상담

커플인 친구들 사이에서 올해도 저는 솔로입니다.
밸런타인데이 같은 것 다 망해 버렸으면 좋겠어요.

사랑이란 무엇일까

봄은 아직이지만 솔로에게는 벚꽃 철만큼의 위기감이 느껴지는 2월입니다. 10cm의 〈봄이 좋냐??〉를 부르며 "몽땅 망해라"를 외쳐 봅니다. 이솝 우화에서 탐스러운 포도가 먹고 싶어 냅다 서전트 점프를 하다가 결국 '저 포도는 시어서 못 먹을 거야.' 하고 생각했다는 여우처럼, '난 초콜릿 따위 안 좋아해.' 하고 생각해 보지만 사실 우리는 알고 있습니다. 초콜릿을 못 먹어서 슬픈 게 아니라 간질거리는 마음으로 행복하게 만날 사람이 없어서 슬프다는 것을요.

솔로의 번뇌가 가득한 여러분의 마음을 헤아리기 위해 이번에는 부처님 말씀으로 시작해 볼까 합니다. 이왕 솔로의 자질이 있다면 스님들처럼 금욕적으로 살라는 말을 하려는 건 아니에요. 사랑에 대해 얘기해 보려는 겁니다. 노래에도 책 속에도 영화나 드라마에도 사랑 이야기들이 가득한데, 막상 사랑을 정의하기는 참 어렵죠. 이럴 때 철학자들이 자주 사용하는 방법이 있답니다. 혼용되기 쉬운 단어를 옆에 놓고 차이를 보는 거예요. 그러면 이쪽의 본질도 명확해지는 순간이 생기거든요.

✦✦

사랑과 소유의 차이

사랑과 흔히 혼동하는 단어 중 제일 주의해야 할 단어는 '소유'입니다. 사랑과 소유욕을 혼동하는 데서 많은 문제가 생기거든요. 사귀기로 한 사이에서 가장 말리고 싶은 게 바로 '넌 내 것' 같은 표현입니다. 진짜 도시락 싸 들고 다니면서 말리고 싶은데, 도시락 싸는 게 너무 귀찮아서 가만히 있는 겁니다. 연인 사이에 그게 뭐가 문제냐고 한다면, 부모님이 여러분을 사랑한다고 해서 '넌 내 것'이라고 한다고 해 봅시다. 당장 지옥이 펼쳐지지 않나요? 그렇습니다. 소유에는 지배할 수 있는 권리, 즉 간섭하고 통제할 수 있는 권리, 자유를 제한할 수 있는 권위 같은 것이 따르거든요.

또 소유는 대체로 배타적인 관계로 이어집니다. 내가 이 옷의 소유자라면, 누구에게 빌려주지 않는 한 이 옷은 나만 입습니다. 또한 내가 이걸로 바닥을 닦든, 옷소매를 뜯어내든, 다른 사람들은 대체로 상관하지 않습니다. 흔히 아동 학대가 의심 가는 정황에서 자주 듣는 말이 있지요. "내 자식 내가 이렇게 키운다는데 누가 뭐래!" 아이가 부모의 소유라고 한다면 부모가 아이를 함부로 대하더라도 권리의 배타성 때문에 학교도 정부도 함부로 관여할 수 없게 됩니다. 사랑이라는 이름으로 상대를 소유하고 지배하려는 것은 이렇게 위험하고 잘못된 생각이에요.

불교에서 '무소유(無所有)'를 말하는 것도 같은 맥락입니다. '색 불이공(色不異空)'이란 말이 있지요. 색이 공과 다르지 않다는 말입니다. 세상 모든 것은 변하고, 그중 많은 것이 사라집니다. 이렇게 변하는 만물을 두고 무언가를 절대적으로 소유하겠다는 것도 어리석은데, 타인을 가지겠다는 것은 어리석음을 넘어 오만에 가깝습니다. 법정 스님은 『무소유』(1976)라는 책에서 난초를 기르던 일화를 소개하며 '소유하는 일에 따르는 고통'을 말한 적이 있어요. 스님은 선물 받은 난초를 사랑하며 정성껏 돌보았지만, 난초 생각에 마음이 어지러워질 때가 많았고 홀가분히 거처를 떠날 수도 없었다고 해요. 마음에 집착이 생긴다는 것을 알고서는 난초의 소유를 포기합니다. 그러고는 얽매임에서 벗어나 홀가분한 해방감을 느끼지요. 비싼 외제 차를 가지면 기분이 좋을 것 같지만 그만큼 집착과 불안도 클 겁니다. 사랑하는 사람이 생기면 세상이 아름다워지지만 그만큼 무서워지기도 합니다. 걸어 다니는 사람은 주차 걱정을 할 필요가 없고 솔로는 이별을 걱정할 필요가 없죠.

사실 비워야 채울 수 있기도 합니다. 내 잔이 비었다는 것은 마실 음료가 없다는 말이기도 하지만 모든 음료를 담을 수 있는 가능성이 있다는 말이기도 합니다. 공이 색과 다르지 않다는 '공불이색(空不異色)'은 바로 이런 뜻입니다. 형상이 없다는 것은 곧 무엇이든 될 수 있다는 말이고, 우리는 뭔가 덜어 낼수록 자유로워집니다. 솔로인 친구들, 그리고 이별로 괴로워하는 친구들은 이 공불이색의 모토로 나는 누구와도 이어질 수 있는 가능성이 있다고 생각해 보면 어떨까요.

아, 아까 그 여우의 신 포도가 생각난다고요? 지난달에 아리스토텔레스가 뭐든 계속해 봐야 알게 된다고 했는데, 늘 비어 있기만 하면 대체 뭘 알겠냐고요? 아주 훌륭한 철학자가 될 소질이 보이는군요. 그렇습니다. 소유하는 형태의 집착이 좋지 않다는 거지, 사랑은 그것과는 구별되는 경험이니까요. 저는 여러분이 수많은 흑역사를 생성하며 후회 없이 사랑하기를 바랍니다. 생명이 있는 것 말고는 이것저것 소유도 해 보면서 소유에서 오는 명암도 배우기 바라고요. 『무소유』는 훌륭한 책이지만 사실 삶의 초입을 걷고 있는 10대에게 그리 어울리는 내용은 아닙니다. 여러분에게 좀 더 어울리는 책을 생각해 볼까요.

✦

사랑은 수동이 아니라 능동

철학자이자 심리학자, 정신분석학자인 에리히 프롬Erich Fromm이 쓴 『사랑의 기술』(1956)이라는 책을 들어 보았나요? 여러분이 꼭 한번 읽어 보았으면 하는 아름다운 책입니다. 곁에 두고 생의 골목마다 여러 번 읽으면 더 좋은 책이에요. 'Die Kunst des Liebens', 즉 'The Art of Loving'이라는 제목을 번역하는 데서 가끔 오해가 생기는 것 같은데, 사랑이 어떤 기술이라고 말하는 책이 아닙니다. 가벼운 연애 기술서도, 픽업 아티스트(라고 부르는 정체 모를 집단)의 조언집도 아니에요. 성숙한 사랑은 무엇이고 그런 사랑을 하려면 어떻게 해야 하는지, 사랑에 대해 사회학적·철학적·정신분석학적으로 접근한 책입니다.

사랑 문제의 대부분은 사랑을 능동이 아닌 수동으로 생각하는 데서 옵니다. '사랑하는', 즉 제대로 사랑할 줄 아는 능력을 갖추는 것이 아니라 '사랑받는', 즉 어떻게 하면 사랑받고 인기가 많아질까로 생각하는 데서 문제가 생기는 것입니다. 책 제목이 The Art of 'Love'가 아니라 The Art of 'Loving'인 점에 주목하세요. 사랑'하기'에 관한 내용인 것이죠. 제목에 가장 큰 실마리가 담겨 있답니다. 이렇게 사랑은 수동이 아니라 능동이라는 점만 깨달아도 제법 많은 고민이 풀릴 거예요.

사랑을 수동으로 생각해 버리면, 내 마음대로 되지 않는 타인의 눈치를 끊임없이 봐야 합니다. 내 맘도 내 맘대로 되지 않는 법인데(이상한 문장이지만 자연스럽죠?) 타인의 마음에 내 일상이 좌우되는 것만큼 어렵고 힘든 일도 없을 거예요. 상대의 마음에 들기 위해 종종 본모습을 숨기고 가면을 쓰는 일도 생기는데, 늘 뭔가를 덮어쓰고 연기해야 하는 고충도 만만치 않죠. 하지만 내 존재의 이유는 남이 아니라 나 자신이에요. 우리가 노비나 노예가 아닌 이상, 나는 나 자신을 위해 존재하는 것이지 남을 위해 존재할 리가 있나요. 사랑도 자기 자신이 주체가 되는 능동적 행위로 생각해야 합니다. 예뻐 보일 법한 가면을 쓰고 그저 바라만 보는 것이 아니라, 우선 제대로 사랑할 줄 아는 능력을 갖추는 것이 중요해요. 시인 에밀리 디킨슨Emily Dickinson이 말했듯 우리는 사랑을 자기 그릇만큼밖에는 담지 못하니까요.

그동안 '나'라는 왕국의 왕으로 만족하며 살았다가 이웃 나라의 통치자가 덜컥 마음에 들어 버린 경우, 우선 우리는 내 왕국을 돌아보게 됩니다. 누구라도 놀러 오고 싶을 만큼 아름답고 편안하고 재미있는 곳인가? 왕이 너무 제멋대로 살면서 남을 함부로 대하거나, 왕국의 성벽이 너무 높지는 않은가? 스스로 문제를 느낀다면 하나씩 개선해 가면서 사람들이 찾아오고 싶은 곳으로 가꾸게 되겠죠. 이웃 통치자가 내 행동을 공격이라고 생각하거나 성가시다고 느끼지 않도록, 평화롭게 길을 내는 방법도 배우고 익히면서요.

그러므로 좋아하는 사람이 있고 내가 이런 일들을 하고 있다면, 여러분은 이미 사랑을 하고 있는 겁니다. 아직 마음에 드는 친구가 없다면, 이렇게 사랑할 줄 아는 능력을 갖추었다가 기회가 왔을 때 그 기회를 망쳐 버리지 않고 아름다운 사랑을 할 수 있게 만드는 시간이라고 생각하면 어떨까요. 이렇게 사랑은 무엇보다 나 자신을 발견하는 과정입니다.

석가모니와 에리히 프롬의 이야기를 종합해서, 어떤 의자를 하나 떠올려 보면 좋을 것 같아요. 비어 있어야 누군가 와서 앉을 수 있겠죠. 그리고 그 의자가 편안하고 단단해야 누군가가 와서 즐겁게 앉을 수 있을 거예요. 그렇게 내 안에 누구를 위한 편안한 자리를 마련하는 일이 바로 사랑입니다.

후회와 두려움을 웃으며 껴안아라

좋은 얘기인 것 같지만 솔로의 입장에서는 왠지 짜증 나는 말이라고요? 고맙습니다. 종교철학자인 피터 크리프트Peter Kreeft는 다른 사람을 짜증 나게 하지 않는 사람은 철학자가 아니라고 했거든요. 아무리 나라는 왕국을 열심히 가꾸고, 내 안에 편안한 자리를 마련하려 애쓴들 쓸쓸한 건 어쩔 수 없다고요? 이제 그런 혼자만의 사랑 말고 알콩달콩 연애를 하고 싶다고요? 그렇다면 실존주의 철학의 선구자로 알려진 19세기 덴마크 철학자 쇠렌 키르케고르Søren Kierkegaard의 이야기를 들어 보는 건 어떨까요. 세상이 우리를 저버리는 것 같은 느낌이 들 때 기댈 수 있는, 보기 드문 철학자랍니다.

> 그대가 결혼을 하면 그것을 후회하리라. 그대가 결혼하지
> 않는다면 역시 후회하리라. 그러니 결혼을 하든 안 하든
> 후회하리라.
>
> — 쇠렌 키르케고르, 『이것이냐, 저것이냐』(1843), 제1장 '디아프살마타' 중에서

결혼을 하든 안 하든 너는 후회할 것이라는 키르케고르의 말은 저주가 아니고, 우리 삶의 본질을 설명한 말이에요. 어떤 선택을 하더라도 인간이란 존재는 대체로 후회한다는 것입니다. 인간들은 이미 어떤 것을 선택한 상태에서도 수없이 다른 선택지들을 곁눈질하고, 겉으로는 멀쩡해 보여도 안으로는 불안과 두려움이 가득한 존재라는 것이죠. 무엇보다도 두근거리는 사랑의 열정과 오랜 기간 지속되는 안정적인 관계, 그 두 가지를 결혼에서 동시에 얻는 것은 불가능하다고 키르케고르는 생각합니다. 그는 인간이란 "절대적으로 완벽하게 만족스런 상태를 30분 이상 유지하기 불가능한 존재"라고 말해요.

저서 이름이 '철학의 부스러기'(1844)인 데서 볼 수 있듯이, 키르케고르는 인간 이성으로는 모든 것을 알 수 없고 그저 부스러기나 조각들을 만나고 이해하는 데 그친다고 생각했습니다. 그렇다고 이런 단편성이 인류가 극복해야 할 문제냐고 한다면, 그게 아니라 인간의 실존이란 원래 그런 거라는 말이죠. 칸트나 헤겔 같은 철학자들이 이성을 기반으로 진리를 체계화하고 모든 것을

설명할 수 있는 큰 틀을 제공하려고 했던 것에 반해, 키르케고르는 그런 객관적인 진리는 삶의 현실과 인간의 실존을 제대로 담을 수 없다고 생각했던 것입니다.

키르케고르는 모든 인간이 두려움과 떨림 속에서 살고 있으며, 누구라도 거기서 벗어날 수는 없다고 해요. 우리 삶이 이렇게 기본적으로 두려움과 떨림이라는 토대 위에 세워져 있으므로 이것들을 완전히 제거할 수는 없겠죠. 물에 빠질지도 모른다는 두려움 때문에 이 세상에서 물을 없앨 수는 없잖아요. 그의 철학에는 후회, 절망, 불안, 두려움 같은 그다지 유쾌하지 않은 키워드들이 등장하지만, 이런 개인적 어둠 속에서 우리는 성장하고 나 자신이 된다고 합니다. 우리를 키우는 것은 밝고 행복한 경험만이 아니라 어둡고 슬픈 경험이기도 하다는 것을 여러분도 아마 느끼고 있을 거예요. 그러므로 어쩔 수 없이 껴안아야 합니다. 키르케고르에 따르면, 삶이 우리에게 던지는 두려움에 맞서 우리가 취할 수 있는 가장 똑똑하고 전략적인 방법은 "도전적이고 반항적인 태도로 웃어넘기는 것"이라고 해요.

결론적으로, 키르케고르에 따르면 연애는 해도 후회되고 안 해도 후회되는 것, 해도 불안하고 안 해도 불안한 것입니다. 그걸 감당할 자신이 있거든 썩소를 날리며 도전해 보고, 안되더라도 팔짱을 끼고 웃어넘기라는 거겠죠? 실제로 연애를 하든 안 하든 사랑에 관해 우리가 경험하는 후회와 절망, 불안과 두려움들은 모두 성장의 밑거름이 되는 것이니까요. 불안이나 후회가 두렵다고 사랑을 거부하는 것은 구더기가 무서워 장을 못 담그는 것과 같습니다. 벌레가 좀 꼬이더라도 간장, 된장, 고추장을 만들어 맛있는 삶을 지어 나가야 하지 않겠어요?

✦

사랑의 그물, 나 자신부터

키르케고르가 보여 준, 인간 조건에 대한 쓸쓸하지만 아름다운 성찰이 좀 위로가 되었나요? 꿈과 희망을 가져야 할 여러분에게 팔짱 끼고 썩소나 날리라는 조언을 한 것 같아 마음이 편치 않군요. 이대로 끝내기는 좀 우울하니 에리히 프롬의 아름다운 이야기를 듣는 것으로 마무리하겠습니다.

첫머리에 사랑의 정의에 관한 질문을 던졌는데 그동안 사랑의 본질이 조금은 명확해졌는지 모르겠네요. 사랑의 동의어는 소유가 아니라 '관심'이라고 프롬은 말합니다. 꽃을 사랑한다고 말하면서도 꽃에 물 주는 것을 잊어버린 사람을 본다면, 우리는 그가 꽃을 사랑한다고 믿지 않겠죠? "사랑은 사랑하고 있는 대상의 생명과 성장에 관한 우리의 적극적인 관심이다. 이런 적극적 관심이 없다면 사랑도 없다." 상대가 삶을 충만하게 누리며 성장하기를 바라는 마음, 그리고 그 행동이 바로 사랑이라는 것이죠. 2021년

타계한 여성주의 이론가 벨 훅스bell hooks(이름보다 글의 내용에 초점을 둬야 한다는 뜻에서, 이 철학자는 늘 이름의 아홉 철자를 모두 소문자로 적었답니다) 역시 "자기 자신과 다른 사람의 영적인 성장을 위해 자아를 확장하고자 하는 의지"로 사랑을 이해합니다. 사랑이란 빠지는 것이 아니라 배우는 것, 느낌이 아니라 행하는 것, 그러므로 감정이 아니라 의지에 가까운 것이라고요.

더 나아가 프롬은 이렇게 말합니다.

> 내가 진실로 한 사람을 사랑한다면, 나는 모든 사람을
> 사랑하고, 세계를 사랑하고, 내 삶을 사랑하게 된다.
>
> — 에리히 프롬, 『사랑의 기술』(1956), 제2장 '사랑의 이론' 중에서

부모가 자식을 사랑하게 되면 세상의 다른 아이들도 귀여워 보입니다. 아이가 있는 이 세상이 어떻게 돌아가는지에도 더 관심을 가지게 되고요. 이 사랑스러운 아이가 과연 내 아이라니, 믿을 수 없는 놀라운 선물을 받은 마음으로 부모로서의 내 삶도 사랑하게 됩니다. 연인이 생기면 그 사람이 좋아하는 것들에 관심이 생기고, 그렇게 세상을 더 알게 되고, 그 사람이 숨 쉬고 있는 이 세상이 반짝거리는 것 같고, 그 결과로 내 삶도 보다 풍성해지는 것을 느끼곤 하죠? 우리는 상대의 행복을 염원하기에 우리가 함께 있는 세상이 더 안전하고 밝은 곳이기를 바라게 됩니다. 세상

의 모든 작고 연약한 것들을 더 자주 눈에 담고, 세상이 보다 맑고 깨끗하기를 바라게 되지요. 이렇게 점진적으로 확장되는 관계를 통해 우리는 사랑의 영역을 점차 넓혀 가고, 결국은 이 세상과 나 자신까지 사랑하게 됩니다.

당신이라는 사람을 통해 세계를 사랑하고, 당신을 통해 나 자신까지 사랑하게 되는 일. 저는 프롬의 말처럼 여러분이 청춘의 시기에 이렇게 누군가를 열심히 사랑하고, 그로 인해 이 세상을 사랑하고, 그 결과 나 자신도 소중히 사랑하게 되기를 바랍니다. 키르케고르의 말처럼 두려움과 불안에서 아름다움을 발견하고, 유쾌하지 않은 감정을 통해서 한층 성장하기를 바랍니다.

사실 남을 사랑하기는 쉬운데 나를 사랑하는 것을 어려워하는 사람들이 많습니다. 사랑을 받는 것이 익숙하지 않아 오히려 상대를 힘들게 하는 사람들도 제법 있지요. 내가 남에게 친절하듯이 내가 나에게 친절한지, 내가 그 사람을 사랑하듯이 나를 사랑하고 있는지 한번 생각해 보세요. 한쪽이 일방적으로 주기만 하는 관계는 건강하게 오래가지 못합니다. 무조건 주기만 하지 말고, 충분히 행복하게 받고 있는지도 생각해 보세요. 내가 받기만 하는 것 같다면, 그만큼 줄 수 있도록 노력해 보고요.

누군가를 사랑할 용기도 필요하지만, 누군가에게 사랑받을 만한 사람이라는 자기애 또한 부지런히 배우고 가꿔 나가야 하는 겁니다. 그렇게 누군가를 사랑하는 데 주저함이 없는 사람, 스스로 사랑받을 만한 사람이 되면 좋겠습니다. 미국의 팝 디바 휘트니 휴스턴은 가장 크고 위대한 사랑이란 '자신을 사랑하는 일'이라고 노래했어요(〈Greatest Love of All〉이라는 노래인데 정말 아름다운 곡이니까 꼭 한번 들어 보세요). BTS는 〈Answer: Love Myself〉에서 '어쩌면 누군가를 사랑하는 것보다 더 어려운 게 나 자신을 사랑하는 것'이라 노래했고요. 나 자신을 사랑하는 법을 배우고 익히다 보면 분명히 여러분 주위는 사랑으로 충만하게 될 겁니다. 그렇게 능동적인 자세로, 나부터 사랑하면 좋겠습니다.

나의 반쪽을 찾아서

쫌 기발한 철학자의 생각

**배꼽은 왜 생겼을까요? 소크라테스와 친구들의 '사랑에 관한 취중 수다'
『심포시온』에서 그리스 사람들이 생각한 답을 찾아보세요.**

고대 그리스 사람들은 사랑에 관해 무슨 생각을 했을까요? 플라톤의
『심포시온』이라는 책을 보면 알 수 있어요. 기원전 380년 경 쓰인 걸로 추
정되는 이 책은 '향연'이라는 제목으로도 알려져 있습니다. 향연은 아주 융
숭한 잔치를 이르는 말이죠. 그러므로 이 책은 소크라테스Socrates와 친구들
이 어느 잔치에서 술을 마시며 노닥거린 내용을 쓴 책입니다. 바로 사랑이
라는 주제로요.

한 사람씩 돌아가면서 사랑에 대한 자기 생각을 말하는 형식으로 구성
되어 있는 이 책에서, 유명한 희극작가였던 아리스토파네스가 인간의 배꼽
이 왜 생겼는지 알려 주겠다며 신화를 하나 소개합니다. 신화 속에서 인간
은 원래 지금 모습의 몸 두 개가 하나로 결합된 형태였다고 해요. 한 몸에
머리가 두 개, 팔다리는 네 개씩 달려 있었다는 것이죠. 여기에서 흥미로운
점은 꼭 남녀가 한 쌍을 이루지는 않았다는 거예요. 신화에 따르면 두 여성
이, 두 남성이 붙어 있기도 했답니다.

고대 그리스 도자기에 새겨진 최초의 인간

이 인간들은 두 개의 머리에 달린 네 개의 눈으로 사방을 더 입체적으로 살필 수 있었고, 여덟 개의 사지를 쫙 펴서 바퀴가 구르듯 데굴데굴 엄청난 속도로 달릴 수 있었다고 해요. 그런 모습의 강대한 인간이 점차 번성하면서 신에게 도전하기 시작하자 제우스는 위협을 느껴요. 고민 끝에 인간을 반으로 쪼개기로 했는데, 그렇게 잘린 절단면을 아폴론이 따라다니며 만두 끝처럼 오므려 묶은 것이 바로 배꼽이라는 것! 그때부터 인간들은 자신의 반쪽을 찾아 헤매기 시작했고, 조각난 두 쪽이 다시 만났을 때는 꼭 붙어서 떨어지지 않았다고 합니다. 내 반쪽은 대체 어디 있는 걸까 찾아 헤매는 건 고대 그리스인들도 마찬가지였나 봐요.

『심포시온』에는 의사, 철학자, 부잣집 자제 등 다양한 사람들의 사랑에 대한 관점이 재미있게 드러나는데요, 필로소피라는 단어의 기원, 즉 "철학이란 지혜(sophia)를 사랑하는(philo) 것"이라는 유명한 말이 이 책에서 나왔어요. 책 속에서 그렇게 모두들 술이 떡이 된 와중에 끝까지 살아남은 것이 소크라테스 할아버지랍니다. 큰 철학자가 되려면 술도 세야 하는 걸까요?

비교의
사슬

루소와 **아우렐리우스**가
정글 같은 3월의 교실에 온다면

3월의 상담

새 학기가 되어 새 친구들을 만나니까 서로 비교하느라
마음이 시끄러워요. 저도 인기가 많았으면 좋겠는데,
이번 생은 망한 걸까요?

비교의 시간

꽃 피는 3월입니다. 우리 마음속에서 타인을 부러워하는 마음이 꽃피는 시기이기도 해요. 익숙한 기존 질서가 흩어지고 새 학년이 되면 교실 안에는 미묘한 구도가 새로 생겨납니다. 탐색의 시간은 대체로 비교의 시간이지요. "쟤 참 재밌는 것 같아. 쟤는 덩치가 어마어마하네. 쟤가 나보다 게임을 더 잘한다고? 우리 반에서 공부 제일 잘하는 애는 누구지?" 우리는 모이면 자연스럽게 서로를 비교합니다. "배트맨이랑 슈퍼맨이랑 싸우면 누가 이겨?" 비교는 어린아이들에게도 무척 자연스러운 일입니다. 사회적 동물인 인간에게, 비교는 피할 수 없는 숙명이에요.

살면서 나를 누군가와 비교하고 의기소침했던 경험이 전무한 사람은 없을 겁니다. 비교와 부러움은 다소 고통스럽긴 해도 자연스러운 삶의 일부이고, 때로는 긍정적인 발전 동력이 되기도 해요. 가치 있는 것을 두고 선의의 경쟁을 한다면, 남보다 앞서고 싶어 하는 마음은 더 나은 자신을 만드는 동기가 됩니다. 같은 이름의 시와 영화도 있듯이 '질투는 나의 힘'이 되는 것이죠.

　물론 우리 사회가 필요 이상으로 경쟁이라는 키워드를 내세우는 것도 사실이에요. 학력, 재산, 외모, 나이 같은 것으로 순위를 매기는 분위기가 만연해 있으니까요. 1등부터 차례로 줄 세우기 좋아하는 사회적 분위기는 모두를 힘들게 합니다. 앞줄은 앞줄대로, 뒷줄은 뒷줄대로, 중간은 중간대로, 어느 하나 힘들지 않은 곳이 없지요. 중고등학교 교실은 특히나 줄 세우기를 좋아하는 공간이에요. 나도 공부를 잘해서 인정받고 싶고 나도 친구들 사이에서 인기가 많았으면 좋겠는데, 그러지 못해서 괴롭습니다.

✦

인간이 모여 살면

　이런 상황에서 소개하고 싶은 철학자는 18세기 프랑스 사교계의 슈퍼스타였던 장자크 루소Jean-Jacques Rousseau입니다. 1753년에 프랑스 디종 아카데미에서 '인간 불평등의 기원은 무엇인가'라는 주제로 논문을 공모했는데, 여기에 루소가 제시한 답변이 훗날 그의 대표 저작으로 출간되어 나오는 『인간 불평등 기원론』(1755)이에요. 그의 주장을 요약하자면 이렇습니다. '인간들이 모여 살고 서로 비교하기 시작하면서 불평등이 싹튼다.'

　루소에 따르면 자연 상태에는 그가 '고귀한 야만인(noble

savage)'이라고 부르는 미개인들이 제각기 흩어져 살고 있습니다. 고귀한 야만인이라니, 말도 제대로 못 하고 헤어스타일도 대략 난감해 보이는 야만인이 어째서 고귀하냐고요? 곧 알게 될 테니 조금만 기다려 주세요. 이 야만인들 사이에는 '자연적·신체적 불평등(natural or physical inequality)'이 존재합니다. 쉽게 말해서 다 다르게 생겼다는 거죠. 얼굴이 동그란 사람과 네모난 사람, 키가 큰 사람과 작은 사람. 생긴 것뿐 아니라 능력도 모두 다릅니다. 남들보다 후각이 발달해서 약초가 있는 곳을 기가 막히게 찾아내는 사람, 힘이 세서 커다란 돌을 번쩍 들어 올릴 수 있는 사람, 이렇게 타고난 능력 차이가 있기 마련이지요. 같은 버섯이라도 송이, 영지, 팽이, 느타리 등 각각 생김새가 천차만별이고 효능도 다르듯, 원래 이 세상은 다양한 모습과 능력을 가진 존재로 가득합니다. 하나하나가 모두 다르고, 또 그렇기에 제각각 아름답고 의미 있는 것이죠.

그런데 이 야만인들이 모여 살면 어떤 일이 일어날까요? 루소는 자연적·신체적 불평등이 '도덕적·정치적 불평등(moral or political inequality)'으로 변한다고 합니다. 이 말은 그저 '차이'였을 뿐인 것들이 사회 안에서 어떤 의미를 갖게 되고, 사람을 '차별'하는 기준으로 바뀌는 걸 말해요. 큰 눈에는 원래 아무 의미도 없었는데 "저 사람은 눈이 커서 예쁘네"가 되고, 원래는 그냥 좀 빠를 뿐이었는데 "빨리 달릴 수 있다니 정말 멋지다"가 되는 것. 즉 나보다 더 월등한 인간, 부러움의 대상이 되는 것이죠. 이렇게 차이가 차별이 되면, 사람들은 그 기준에 맞춰 우열을 가르고 서로를 줄 세우기 시작합니다.

자연적 차이가 사회적 의미를 갖게 되는 객관적 기준은 딱히 없어요. 중국에는 한때 여성의 발이 기이할 정도로 작은 것을 아름답다고 여겨 전족(纏足)이 유행했고, 타이 치앙마이 북부 산악지대에 사는 카렌족은 목의 길이가 길어야 미인이라 아직도 목에 겹겹이 두꺼운 링을 하고 있다고 해요(자그마치 40센티미터의 목으로 기네스북에 오른 여인이 있다는데, 직접 뜬 목도리를 선물하려면 만만치 않겠군요). 미(美)에 관해서는 18세기 계몽주의 철학자 볼테르Voltaire 가 남긴 말도 귀담아 들을 만합니다. "두꺼비에게 아름다움이 뭐냐고 물어보라. 아마 툭 튀어나온 커다란 눈, 귀밑까지 찢어진 커다란 입, 노르께한 배를 뒤뚱거리는 암두꺼비를 가리키며 그것이 '미'라고 할 것이다." 앞의 예들과 볼테르의 이 말을 함께 버무리자면, 어떤 객관적 기준 없이 그저 관계적으로 구성되는 잣대가 큰 역할을 한다는 것이죠. 우리는 관계 속에서 가치를 만들어 내고, 사람들은 함께 살아가는 타인의 시선 때문에 발을 동여매고 목을 늘입니다.

우리나라에서도 시대에 따라 미의 기준이 많이 바뀌었답니다. 배고픈 시절에는 살집 좋고 복스러운 사람들이 예쁘고 잘생겼다는 소리를 들었지만, 자본주의가 발달한 현대사회에서는 날씬함이 오히려 부를 상징하는 코드로서 선망의 대상이 되었지요. 예전엔 작은 머리와 큰 가슴이 기피 대상이었다는 사실을 혹시 알고 있나요? 머리가 작으면 지능이 낮을 거라고 놀렸고, 가슴이 크면 둔하고 미련하다는 소리를 들었어요. 지금은 큰 머리와 빈약한 가슴의 소유자들이 왠지 슬퍼지는 세상이 되어 버렸지만요. 기호학자이자 철학자, 소설가인 이탈리아의 움베르토 에코Umberto Eco는 『미의 역사』(2004)와 『추의 역사』(2007)라는 쌍둥이 저작을 통해 미추(美醜)라는 관념이 시대와 장소에 따라 얼마나 다양한 모습으로 변해 왔는지 보여 줍니다. 어느 시대의 미(美)는 다른 시대의 추(醜)가 되기도 해요. 이처럼 자꾸 변하는 주관적 가치, 상대적 기준이 사람들 마음을 그토록 괴롭혀 온 겁니다.

불행의 이유

사람들이 모여 살면 이렇게 생김새와 능력의 차이가 확연히 눈에 띄고, 그러면 모두의 마음속에 남보다 돋보여 인정받고 싶은 욕망이 생겨납니다. 루소에 따르면 이런 허영심과 인정투쟁(認定鬪爭) 때문에 인간의 불행이 시작된다고 해요.

인정투쟁은 말 그대로 남들에게 인정을 받기 위한 투쟁이기 때문에 불행의 씨앗이 내포되어 있습니다. 스스로 아무리 예쁘다고 생각해 봤자 타인이 인정하지 않으면 내 허영심은 채워지지 않으니까요. 더 사랑받고 인정받기 위해서 남들이 좋아하는 방향으로 나를 꾸며야 하기 때문에, 본모습을 숨기고 가면을 쓰는 '자기 분열'의 상황이 초래됩니다. 본래의 나는 점점 숨이 막혀 쪼그라들어요. 작가이자 방송인인 허지웅 씨가 말한 적이 있지요. 남에게 사랑받기 위해서 너무 많은 시간과 노력을 기울이면, 결국 세상에서 제일 인기 많은 시체가 된다고요. BTS도 루소 헌정곡이라고 볼 만한 노래를 불렀답니다. '널 위해 예쁜 거짓을 빚어내는, 나를 지워 너의 인형이 되려 하는' 사람은 결국 이렇게 말하게 되죠. "나도 내가 누구였는지도 잘 모르게 됐어. 거울에다 지껄여 봐. 너는 대체 누구니."(〈FAKE LOVE〉에서)

더 중요한 것은, 허영심은 절대적 기준보다 관계적 서열을 기반으로 한다는 점입니다. 절대평가가 아니라 상대평가인 셈이죠. 내가 여기서 저기까지 10초에 뛸 수 있다는 사실이 중요한 게 아니라, 30초가 걸리더라도 옆 사람보다 잘 뛰는 게 중요합니다. 내 기록을 단축하는 것보다 상대와의 거리를 벌리는 것이 핵심이죠. 거리를 벌리는 방법에는 두 가지가 있습니다. 내가 열심히 노력해서 저 친구보다 빨리 뛰든지, 아니면 저 친구가 다쳐서 잘 못 뛰게 되든지. 루소는 바로 이 허영심 때문에 인간들이 서로 해하려는 마음을 가지게 된다고 합니다. 나보다 잘 뛰는 저 친구의 다리를 부러뜨리고 싶다는 무서운 생각을 하게 되는 거죠. 아마 비슷한 생각을 해 본 적이 있을 거예요. 비교당하는 것이 속상하고 괴로워서 정당하지 못한 방법을 생각했던 경험, 친구의 성적이 떨어지기를 남몰래 바랐던 경험, 그러고는 죄책감과 부끄러움을 느꼈던, 그런 슬픈 경험들 말이에요.

　루소는 그렇게 인간 사회가 타락한다고 생각했습니다. 이 비교의 사슬 안에서는 아무도 자유롭지 못하고, 사슬에 묶인 채 결국 자신마저 파괴하는 악순환이 계속됩니다. 루소가 미개인들을 '고귀한 야만인'이라고 부른 까닭이 여기 있어요. 그저 평안한 마음으로 자신에게 집중하며 살았던 야만인들은 고귀한 정신을 가졌지만, 오히려 문명의 손길이 닿은 고상한 인간들은 서로 시기하며 타락한 존재가 되었다고 본 것이죠. 그러므로 자연에서 소박하고 거칠게 살았던 야만인들이 고귀한 신분의 문명인보다 훨씬 고귀하다고, 그렇게 깨진 유리처럼 날 선 판단을 내렸던 것입니다.

　공정한 절차, 선의의 경쟁을 통해 남보다 앞에 서는 것은 아름다운 일입니다. 남과의 격차를 벌리는 두 방법 가운데 첫 번째, 즉 부단한 노력의 결과로 친구들보다 잘 달리게 되었다면 이 얼마나 멋있고 보람 있는 일인가요. 그러나 두 번째 방법, 남을 해하는 쪽으로 은근슬쩍 눈을 돌린다면 우리는 틀림없이 불행해집니다. 친구란 늘 비교의 대상이며 틈이 보이면 남을 밟고 올라서야 한다고 말하는 어른이 주변에 있다면 부디 여러분의 귓구멍을 틀어막아 주세요. 명문대에 갔지만 친구는 없는 삶, 하찮은 걸로 낄낄대며 같이 빵 터질 존재들이 없는 삶, 연인과 헤어지고서 진상 부리며 기댈 어깨가 없는 삶, 정말 재미없을 거거든요. 항상 친구를 경쟁 상대로 여기고 늘 쫓기면서 사는 삶이 과연 행복할까요?

✦✦
비교와 허영심의 사회

현재 우리 사회의 모습은 많이 우울합니다. 비교하고 경쟁하고, 서로 질투하는 분위기가 팽배해 있지요. 좁은 국토, 특정 도시에 다닥다닥 모여 살아서일까요? 마치 한국인의 DNA에 비교의 유전자라도 있는 것처럼, 민족의 웅대한 기상을 끌어모아 비교와 품평에 에너지를 쏟아붓곤 해요. 청소년들은 고가의 특정 브랜드를 교복처럼 사 입고, 이에 동참하지 않는 친구들에게 묘한 시선을 보냅니다. 신학기가 되면 초등학생들이 아파트 평수와 차종으로 배틀을 한다니, 이 무슨 루소가 힙합 하는 소리인가요.

'엄친아'라는 신조어가 떠오르던 시절, 이 말이 그토록 각광받았던 이유는 삼천리 방방곡곡의 아들딸들이 그렇게 무수하게 비교질을 당했기 때문일 겁니다. 자매품으로 여자친구 친구의 남자친구, 남자친구 친구의 여자친구(침 튑니다)도 있다죠. 이제 양반과 상민을 나누는 신분제는 없어졌지만 우리는 금수저와 흙수저라는 새로운 숟가락 신분제를 자조적으로 구성해 놓았습니다. 생각해 보세요. VIP도 모자라서 VVIP, VVVIP(무슨 빅토리아 비빔면 비비빅 3세도 아니고 뭐가 이렇게 베리베리베리 중요하실까요)를 만들어 내는 사회에서, VVVIP가 보기에는 VIP도 거지일걸요.

한편, 허영심은 새롭게 테크놀로지라는 날개를 달았습니다. 타인과의 간극을 한없이 벌리고픈 인간들에게 인터넷은 굉장히 효과적인 도구예요. 예전 최 참판댁 부인은 고운 비단옷을 지었을 때 기껏해야 동네 김 참봉네, 박 진사네 여인들을 만나 자랑하는 게 전부였겠지만, 지금 세계적 '셀럽'인 카일리 제너가 입은 드레스는 한국의 삼순이도 포르투갈의 카타리나도 실시간으로 입을 떡 벌리게 만들죠. 공작새가 꼬리를 펼치듯 허영심을 테크놀로지에 실어 동서남북으로 활짝 펼치면, 못 가진 자들은 선망의 눈으로 바라봅니다. '좋아요'를 누르면서도 때론 절망하고, '부러워요'라는 답글을 달면서도 마음속에 미움의 씨앗을 몰래 키워 가지요. 문제는, 이게 루소가 말한 대로 타인의 인정을 받기 위해 쓰고 있는 가면일 수 있다는 점이에요. 소셜미디어에 올라오는 그 모든 반짝이는 순간만이 그들의 삶일 리가 없거든요. 삶은 스냅숏이 아니라 끊임없이 이어지는 동영상입니다. 심혈을 기울여 골라냈을 몇 장의 스냅숏만 보고 그 사람의 하루를 판단할 수는 없죠. 그 스냅숏도, 멋진 사진을 얻기 위해서 프레임 바깥에 얼마나 많은 구질구질한 것들을 치워 두었는지 알 수 없고요.

아이들도 어려서부터 부모의 인정을 받겠다는 인정투쟁을 시작합니다. 성적을 올리고 싶은 마음은 종종 작은 거짓을 만들어 내기도 해요. 어렸을 때부터 거짓 점수 위에 잘못 올라앉아 버리는 게 얼마나 불행한 일인지, 앞으로 얼마나 더 큰 거짓을 만들며 괴로워해야 하는지, 처음의 그 작은 거짓을 만들어 낼 때는 미처 모릅니다. 그렇게 차곡차곡 거짓말을 쌓아 가다 보면 나중에는 자신의 인생 전체가 거짓말 위에 올라앉은 느낌이 들 거예요. 그러면 삶이 얼마나 허무해질까요.

✦

비교의 사슬을 끊는 법: 이론편

그렇다면 어떻게 이 불행한 비교의 사슬에서 벗어날 수 있을까요? 여기엔 마르쿠스 아우렐리우스의 조언이 도움이 될 것 같군요. 아우렐리우스는 철학자인 동시에 왕이었던 인물입니다. 엄청난 대제국을 지배했던 로마의 황제였지요. 저렇게 아무 부러울 것 없어 보이는 사람이 철학을, 그것도 금욕주의(禁慾主義, asceticism)적으로 알려진 스토아철학을 공부했던 이유는 무엇일까요?

아우렐리우스는 그렇게 위대하고 강인해 보이는 사람도 근본적으로는 불안하고 약한 존재임을 알았습니다. 가장 큰 문제는 타인이었지요. 그는 『명상록』에 황제인 자신이 죽는 것을 보고 기뻐

할 사람이 족히 수백 명은 되리라 생각한다고 썼어요. 루소의 말처럼, 권력의 중심에 있는 황제에게는 자기보다 우위에 서서 인정받고 싶어 하는 마음이 늘 위협이 되었겠지요. 이런 상황에서 아우렐리우스는 시기와 질투가 많은 타인에게서 벗어나는 가장 좋은 방법을 '그들이 내 삶에 영향력을 미치지 않도록 하는 것'이라고 생각했습니다. 한마디로 다른 사람의 생각에 크게 신경 쓰지 말라는 것이지요. 허영심의 기본이 되는 '인정' 역시 그저 남의 생각일 뿐이니까요(배경음악으로 장기하와 얼굴들의 〈그건 니 생각이고〉가 들립니다). 그래서 아우렐리우스는 "타인이 내 삶에 영향을 미칠 자격을 빼앗으라"고 말합니다.

"세계를 다 얻더라도 그로 인해 내가 좋은 사람이 되지 못한다면?" 스토아주의자들이 마음에 품는 중요한 질문입니다. 실제로 우리는 커다란 부나 막강한 권력을 얻은 사람들이 각종 스캔들로 자신과 세상을 어지럽히고 결국 무너지는 모습을 많이 봅니다. 스토아주의자들에게 인생의 진정한 목표는 가능한 한 많은 돈·명예·권력 등을 갖는 게 아니라, '이미 나에게 속한 것들을 현명하게 사용하는 것'이에요. 지금 내가 가진 것이 건강이든 질병이든, 가난이든 부이든, 친구이든 적이든 간에 현명한 사람은 그저 가진 것을 잘 사용한다고 합니다.

「출애굽기」에 "나는 스스로 있는 자니라."라는 말이 있다고 해요. 나는 나이며 모든 좋은 것은 이미 내 안에 있다는 이 말이, 남과 나를 비교하느라 빠질 것 같은 여러분의 눈알에 휴식을 주었으면 합니다. 원래는 신이 스스로를 칭한 말이지만 이 말은 그대로 우리 모두에게도 해당되는 말이에요. 지금 여러분이 생각하기에는 좋은 것이란 모조리 다 내게서 멀리 있는 것 같은 느낌이 들테지만, 부디 이 말을 믿어 보세요. 우리는 '스스로 있는 자'들이므로 타인과 자꾸 비교하면서 지옥을 만들지 말고, 원래의 나를 더 차곡차곡 채워 나가기 바랍니다. '너는 너, 나는 나'라는 생각이 커질수록 질투심은 약해집니다. 아우렐리우스는 남을 쳐다보면 시련을 이겨 낼 수 없다고 했거든요.

✦✦

비교의 사슬을 끊는 법: 실전편

비교 때문에 마음에서 지옥이 펼쳐진다면, 비교의 영역을 넓혀 보는 일이 도움이 될 거예요. 우월과 열등을 나누는 행위가 잔인한 것이지, 비교 자체가 나쁜 건 아니니까요. 정치적·사회적 불평등 쪽으로 갈수록 문제가 되는 것이지 원래 자연적·신체적 불평등은 당연히 존재하는 것처럼요. 비교는 그저 공통점과 차이점을 발견하는 행위일 뿐입니다. 그러므로 내가 늘 꼬리에 꼬리를 무는 비교의 사슬에서 벗어나지 못한다는 사실에 죄책감을 가질 필요는 없어요. 남과 비교하지 않는 사람이 되겠다고 내 마음을 억누르는 것도 엄청난 스트레스거든요. 그러니 누르려고 하지 말고, 오히려 더 많은 비교를 해 봅시다. 더 다양하고 더 풍성하게 비교질을 하는 거예요. 루소 아저씨가 다시 팔짱 끼실 소리라고요? 그렇지 않습니다.

　선생님께 예쁨받는 친구와 그렇지 못한 나 사이에 비교의 마음이 생겨 버렸다면, 다른 종류의 비교를 더 많이 해 보는 거예요. '쟤는 외동이고 나는 막내야', '쟤는 피자를 좋아하고 난 비빔밥을 좋아하지만 우리는 둘 다 떡볶이에 환장해', '쟤는 발라드를, 나는 힙합을 좋아해' 등등. 아니 이게 대체 뭐 하는 짓인가 싶겠지만, 이런 비교들을 계속하다 보면 뭐가 보이는 줄 아세요? 타인도 나도, 그저 다양한 공통점과 차이점으로 이루어진 다면적인 인간이라는 담백한 사실이 보일 겁니다. 우리는 그저 이런 여러 가지 특징이 있는 각각의 개인이라는 사실을 인식하게 되는 거죠. 그리고 '스스로 있는 자'로서 내가 가진 것들을 깨닫게 된답니다. 그러면 나를 좀 더 알고 더 잘 채워 갈 수 있을 거예요. 사실 저런 비교 안에 우열의 판단이 하나둘쯤 자연스럽게 섞일 수도 있어요. 괜찮습니다. 질투의 빨간 공이 있다면 무심함의 파란 공을 넣어서 상쇄시키면 돼요. 루소의 단어들을 쓰자면, '차별'의 빨간 물감이 한 방울 들어갔다면 '차이'의 파란 물감을 한 방울 넣어서 보라색으로 만들면 돼요. 공을 많이 넣으면, 즉 비교를 다양하게 하면, 내 마음을 태우는 빨강의 농도를 옅게 만들어 식힐 수 있으니까요.

또 한 가지, 비교의 사슬과는 비교할 수 없을 만큼 멋진 새로운 사슬을 만들기 바랍니다. 인정과 칭찬으로 이루어진 단단한 사슬을요. 비록 네가 그 따위로 생겼지만 참 좋다고 말해 주는 친구, 내 장점을 알아보고 머리를 쓰다듬어 주시는 선생님, 너는 숨만 쉬어도 사랑스럽다고 말해 주는 연인, 있는 그대로의 내 모습을 사랑해 주는 부모님과 친척들. 이렇게 넌 충분히 사랑받을 만한 사람이라고 말해 주는 이들의 존재는 무척 소중합니다. 우리는 어쩔 수 없이 타인을 바라보며 함께 살고 있으니까요. 사실 하나쯤은 내가 정말로 인정받는 게 있어야 나머지를 내려놓을 수 있는 힘이 생기는 것 같기도 해요. 사소한 것이라도, 그런 인정을 돌탑처럼 쌓아 주는 관계가 여러분 곁에 방패처럼 둘러지기를 바랍니다. 가수 장기하의 "전혀 부럽지가 않어"가 여러분 인생의 배경음악으로 잔잔히 깔리기를 바랄게요.

희소식을 하나 알려 줄까요? 이렇게 시기·질투·파괴의 사슬이 아닌, 인정·칭찬·신뢰의 사슬을 단단히 연결하는 작업은 내가 먼저 시작할 수 있답니다. 허영심이나 인정투쟁처럼 시작점이 '타인'일 수밖에 없는 작업이 아니니까요. 그러니 우선 씨앗을 많이 심고, 그 씨앗에서 꽃이 피어나 내게 돌아오거든, 그만큼 내 마음을 나눠 주고 신뢰를 돌려주는 것도 잊지 말기 바라요. 조그만 것이라도 좋은 점이 보이면 인정해 주고, 작은 칭찬을 쌓아 주세요. 그렇게 내 주변을 보드랍게 만드는 일을 나부터 시작하세요.

마지막으로, 앞서 언급한 「질투는 나의 힘」(『입속의 검은 잎』, 1989)이라는 기형도 시인의 시가 좋은 울림을 줄 겁니다. 시인은 "그 누구도 나를 두려워하지 않았으니 / 내 희망의 내용은 질투뿐이었구나"라고 말한 뒤 "나의 생은 미친 듯이 사랑을 찾아 헤매었으나 / 단 한 번도 스스로를 사랑하지 않았노라"라고 해요. 지난번 연애 상담의 결론도 '나 자신을 사랑하는 일'이었지요. 나에게 제일 중요한 사람은 결국 나예요. 스스로를 돌보고 사랑할 시간을 충분히 갖기를 바랍니다. 남에게 시선을 돌리느라 헛된 질투로 생을 허비하지 않기를 바라요.

희소식이 하나 더 있습니다. 사실 타인은 생각보다 내게 별로 관심이 없다는 점을 꼭 기억하세요. 내가 이 촌스러운 옷을 입고 밖에 나가면 사람들이 다 쳐다볼 것 같죠? 여러분은 오늘 길에서 지나친 사람들의 의상을 모두 기억할 수 있나요? 사실 많은 이들은 내 앞가림에 바쁘고, 그래서 남에게 쏟기엔 관심과 기억의 총량이 턱없이 부족합니다. 이것만 기억해도 여러분의 평균수명이 1년은 늘어날 거라는 데 저의 소중한 초코 크루아상을 겁니다. 여러분의 질투는 내 안을 비우고 왜곡하는 힘이 아니라, 나를 채우고 나를 사랑하는 힘이 되기를 진심으로 바라요. 우리는 모두 그 자체로 완벽합니다.

아름다움이란 무엇일까

쫌
재밌는
철학자의
관점

예전 동서양의 미인은 이런 모습이었답니다.
어때요, 아름답다는 생각이 드나요?

왼쪽은 15세기 플랑드르 화가 로히어르 판데르 베이던Rogier van der Weyden이
그린 여인의 초상, 오른쪽은 8세기 일본 미인상을 그린
〈도리게리쓰조 병풍鳥毛立女屛風〉 중의 한 폭에 든 여인의 초상이다.

왼쪽은 15세기 유럽, 오른쪽은 8세기 일본 미인의 모습입니다. 어떤가요? 지금 우리가 생각하는 미인과는 좀 거리감이 있지 않나요? 15세기 플랑드르 지방에서는 이마가 넓을수록 미인이었기에 여성들이 이마 위와 관자놀이의 머리카락을 깨끗이 밀어 냈다고 해요. 영화 〈이상한 나라의 앨리스〉(2010)를 본 친구라면 거기에 등장하는 여왕이 지나치게 허연 얼굴에 시뻘건 입술을 가졌던 것을 기억할 거예요. 실제로 16세기 영국의 여왕 엘리자베스 1세는 당시 미인의 기준이었던 창백한 피부를 위해 얼굴을 하얗게 만들어 주는 납 성분이 잔뜩 든 화장품을 이용했다고 합니다. 그렇게 당시의 여인들은 아름다워지려고 납과 수은, 심지어 비소 등 독 범벅인 화장품을 열심히 발랐다고 해요. 그뿐인가요. 허리를 졸라매는 코르셋으로 인해 내장 모양까지 변형되는 일이 잦았다고 하지요. 예전 중국에서는 앞부분만 남기고 모두 밀어 버린 눈썹이 아름답다고 생각했던 적이 있고, 일본에는 치아를 검게 칠하는 화장법도 있었답니다. 중국과 한국, 일본 모두 공통적으로 꺼렸던 것은 바로 쌍꺼풀이 있는 큰 눈이었다고 해요.

이렇게 역사적·사회적 환경에 따라 미의 기준이 달라지는 것을 보면 아름다움이란 얼마나 상대적인 것인가 깨닫게 됩니다. 18세기 계몽주의 철학자 데이비드 흄David Hume도 "아름다움이란 사물 그 자체가 아니라 그것을 바라보는 사람들의 마음속에 존재하는 것"이므로 절대적인 것이 아니라 상대적인 것이라고 말합니다. 마음의 갯수만큼 세상에는 다른 미(美)가 존재할 수 있다는 거죠. 타인의 시선을 위해 열심히 독을 바르고 머리카락을 밀었던 사람들을 생각하면 안타까운 마음도 듭니다. 그런데 지금 우리의 모습은 어떤가요? 우리는 그들과 다르다고 자신 있게 말할 수 있을까요?

HEART BLOSSOM

꽃씨를 심듯이 작고 귀여운 습관을 심고,

행동으로 마음을 싹틔워 보세요.

싹에 물을 주며 아끼듯 나 자신을 사랑하고 가꾸면,

나의 꽃과 너의 꽃이 만나 알록달록

아름다운 꽃밭을 이룰 것입니다.

생각보다
다양한
웃음의 의미

구르는 나뭇잎만 봐도 웃음이 터지는 너에게,
홉스가 말한다

4월의 상담

: 즐거운 만우절! 그런데 개그를 다큐로 받는 애들 때문에
오해가 생기고 다툼도 일어나요. 같은 상황에서
왜 누구는 웃고 누구는 화를 낼까요?

웃음의 경계

여러분은 어떨 때 웃나요? 마침 4월의 첫날은 교실 안에 크고 작은 웃음이 채워지기 좋은 날입니다. 악의 없는 장난이나 과하지 않은 거짓말로 남을 속여 가볍게 웃을 수 있는 만우절. 반을 바꾸기도 하고, 책상 방향을 바꿔 거꾸로 앉아 있기도 하고, 어떻게 하면 조금이라도 더 재미있게 웃어 볼까 싶어 친구들과 머리를 맞대고 궁리하던 기억이 제게도 있답니다. 몇몇 매체에서는 신기한 광고나 얼토당토않은 뉴스를 만들어 웃음을 주기도 하고, 이 기회를 틈타 짝사랑하는 사람에게 장난처럼 고백하는 사람들도 제법 있다고 하죠.

조선 시대에도 만우절과 비슷한 날이 있었다고 해요. 농업을 국가의 근간으로 삼았던 조선에서, 첫눈은 이듬해 풍년이 될 것을 알려 주는 중요한 선물이었다고 합니다. 그래서 첫눈 오는 날은 서로가 즐거운 장난을 치며 거짓말을 해도 좋은, 웃음이 넘치는 날이었다고 해요. 여러분에게 특히 기억에 남는 만우절이 있다면 어떤 장난을 즐겼는지 궁금하군요.

하지만 가끔 도를 넘은 장난이 물의를 일으키기도 합니다. 특히 생명과 안전을 책임지는 분들께 허위로 장난 전화를 하는 것은 법적 처벌까지 받을 수 있는 행위죠. 만우절이라고 해서 남에게 피해나 불쾌감을 주는 행위까지 법적으로 보장받는 날이 아니라는 것을 여러분도 아마 잘 알고 있을 거예요. 누구도 마음 상하지 않는 유쾌한 만우절이면 좋겠습니다.

그런데 한편으론 '누구도 마음 상하지 않는 유쾌한 만우절'이라는 것이 꽤 어렵기도 합니다. 웃음의 경계라는 게 참 미묘하거든요. 생각해 보면, 웃음이라는 것을 두고는 허용되는 것과 그렇지 않은 것 사이의 기준이 참 모호하다는 생각이 들지 않나요? 같은 장난을 쳐도 어떤 선생님은 웃으며 받아 주시는데 어떤 선생님은 불같이 화를 내십니다. 같은 농담에도 어떤 친구들은 배꼽이 빠져라 웃고, 어떤 친구들은 불쾌해하지요. 큰 악의 없이 웃자고 한 말인데, 주변이 반응이 극과 극입니다. 같은 상황에서도 왜 누구는 웃고 누구는 화를 낼까요?

우리는 웃음을 보통 밝은 것, 긍정적인 것이라고 생각하기 쉽습니다. 하지만 웃음에는 밝은 부분만큼이나 어두운 부분이 굉장히 커요. 웃음이 밝을 수 있기 위해서는 웃음 주변에 어떤 선이 그어져 있는지, 웃음이 탁해지는 경우는 무엇인지 생각해 보는 것이 필요합니다. 그저 유쾌한 감정의 표현이라고 생각하기 쉽지만 웃음이라는 것, 특히 웃음 주변의 경계선에 관해 보다 진지하게 살펴볼 필요가 있어요.

✦✦
우리가 웃는 이유

여러분은 오늘 무슨 일로 웃었나요? 미소 말고, 큰소리로 깔깔 웃는 그런 웃음 말입니다. 이번 글에서는 영어의 smile과 laughter를 구분해서 후자의 웃음을 다루고 있다는 점을 기억해 주세요. 소위 '현웃'이라고 말하는, 소리로 툭 터져 나오는 웃음을 말하는 겁니다. 내가 소리 내어 웃는 이유를 곰곰이 생각해 보면, 놀랍게도 웃음은 사실 검은 주머니에서 나오는 경우가 많다는 사실을 깨닫게 될 거예요.

토머스 홉스Thomas Hobbes라는 17세기 영국 철학자는 "나의 어떤 갑작스러운 행동이 스스로를 유쾌하게 만들 때(어른도 트램펄린 위에서 점프할 땐 웃음이 나오는 법이니까요)", 혹은 "타인에게서 흉한 점이나 열등함을 발견하고 갑자기 자찬(自讚)하는 마음이 생길 때" 나오는 게 웃음이라고 해요. 이 웃음의 정의에서 중요한 건 뒷부분이죠. 우리는 남과 비교해서 내가 잘난 것을 깨달을 때 큰 소리로 웃는다는 사실, 환하고 아름다운 것을 볼 때보다 흉하고 이상하고 바보 같은 것을 볼 때 웃는다는 사실을 날카롭게 포착하고 있거든요. 즉 우리는 아름다운 꽃을 볼 때가 아니라 이상한 분장과 몸 개그를 볼 때 웃는 겁니다. 예쁜 아기들의 재롱을 보며 웃는 것도, 따지고 보면 내가 위에서 내려다보는 거예요. 아직 서툴고 부족한 아기들의 말과 몸짓이 우습고 대견해서 그런 거니까요. 누군가의 유머에 웃을 때, 우리는 '나 저거 알아, 나는 이 유머를 알아들을 만큼 똑똑해.' 하는 자찬의 마음으로 더 크게 웃음을 터뜨리기도 합니다.

19세기 독일 철학자 프리드리히 니체Friedrich Nietzsche의 웃음에 대한 정의도 결이 비슷해요. 니체는 『도덕의 계보』(1887)에서 '샤덴프로이데(Schadenfreude)'라는 특이한 독일어 단어로 웃음의 본질을 표현합니다. 샤덴프로이데는 불행, 유감, 또는 흠이나 해(害)라는 뜻의 '샤덴(Schaden)'과 즐거움이라는 의미의 '프로이데(Freude)'가 합쳐진 말로, '남의 불행을 은근히 즐거워하는 마음'이에요. 니체에 따르면 "남의 불행을 즐거워하는 것, 그래도 사악한 마음은 아니고 좋은 양심을 가지고 있을 때 나오는 것(being schadenfroh, but with a good conscience)", 그것이 웃음이라고 합니다.

이렇게 보면 웃음이라는 것이 그렇게 맑고 밝은 것만은 아니라는 사실이 우리에게 놀라운 깨달음으로 다가오지요. 여러분도 한번 생각해 보세요. 정말 아주 좋은 뜻에서, 선한 의미에서 크게 웃었던 적이 있었나요? 혹시 나는 즐겁게 웃었는데, 내 앞에 있는 사람은 화를 내거나 슬퍼한 적은 없었나요?

웃음이라는 폭력

웃자고 한 말에 무뚝뚝하게 반응하거나 정색하는 경우, 우리는 '개그를 다큐로 받는다'고 말하며 상대를 탓하곤 합니다. 하지만 상대가 그렇게 반응하는 이유를 생각해 본 적 있나요? 그저 취향이 아니라서 재미없다며 정색하는 친구도 있겠지만, 보다 중요한 이유는 앞서 언급한 홉스와 니체의 말에서 찾을 수 있을 겁니다. 우리는 남보다 우위에 있을 때 웃는다는 사실, 아름답고 좋은 것을 볼 때보다 이상하고 바보 같은 것을 볼 때 웃는다는 사실 말이에요. 즉 내가 어떤 것을 이상하고 바보 같다고 생각했기에, 그 웃음으로 다치는 사람이 있기에, 웃자고 한 말에 누군가는 심각해지는 상황이 생기는 거죠.

예를 들어 사투리에 관한 농담을 했다고 해 볼까요? 누구는 깔깔 웃겠지만, 해당 지역 출신은 내 고향을 낮잡아 본다고 생각해서 떨떠름할 수도 있어요. 그게 무슨 말인지 아예 모르는 사람은 함께 웃지도 정색하지도 못할 거고요. 웃음에 대한 반응이 사람마다 다른 것은 이처럼 누군가는 어떤 한계로 인해 배경을 이해하지 못하고, 또 누군가에게는 그 웃음이 상처나 도전이 될 수 있기 때문이에요. 그러므로 같은 농담에 함께 웃지 못하는 사람, 혹은 이 상황에 웃어서는 안 된다고 생각하는 사람이 생기는 것이죠.

그렇다면 우리가 무엇이 이상하고 바보 같다고 생각했는지, 그 웃음으로 인해 다치는 사람은 누구인지, 그 웃음과 놀림의 대상을 들여다보아야 합니다. 우리는 웃음을 긍정적인 감정 표현으로 알고 있기 때문에 쉽게 폭력이라는 생각을 하지 못합니다. 하지만 웃음은 분명 폭력이 될 수 있고, 실제로 웃음을 둘러싼 사회문제가 점점 커지고 있기도 해요.

　여러분은 혹시 밈(meme)을 좋아하나요? 저는 굉장히 좋아합니다. 보고 있으면 전 지구인이 풍자와 해학의 민족인 것 같아요. 그런데 혹시 서양에서 극우 세력과 백인 우월주의자들이 바로 이 인터넷 밈을 이용해서 영향력을 키웠다는 사실을 알고 있나요? 웃음에 호소하는 이미지 전략은, 이유를 조목조목 들어 논리적으로 정리한 긴 글보다 효과가 좋아요. 옳고 그름을 떠나서 어떤 것이 일단 재미있다고 여기면 사람들은 그냥 웃어 버립니다. 웃음은 전염성이 큰 데다, 사람들은 웃음에 너그러운 경향이 있거든요. 일단 그런 분위기가 생성되면 거기에 반론을 제기하는 사람은 과하게 진지하고 촌스러운 사람이 되고요. 그렇게 웃음은 점점 편을 나누는 도구로 쓰이고, 악의를 띤 채 조롱과 냉소로 향하게 돼요. 우리 사회에서 많이 언급되고 있는 '일베', 즉 일간베스트저장소가 원래 유머 게시판으로 시작했다는 점은 그런 면에서 의미심장합니다. 웃음을 통해 인정받고 우월감을 느끼는 일이 이 공간을 유지시키는 동력이 되었다는 사실 역시, 홉스가 말한 웃음의 정의와 긴밀하게 연결되지요.

　사실 조롱과 냉소를 통해 우리는 세상의 불합리와 모순을 뒤집는 쾌감을 느낍니다. 원래 마당놀이 같은 서민 문화에서 풍자가 그런 역할을 했잖아요. 하지만 풍자가 건강한 힘을 갖는 것은 힘의 균형을 경쾌하게 뒤집는 데 있습니다. 사회적·정치적으로 약자이거나 적어도 동등한 입장에서, 가진 자들의 모순이나 위선을 꼬집을 때 풍자는 제대로 된 힘을 발휘하지요. 그런 경우에 우리는 한바탕 웃고 나서 이 모순적인 세상에서 새로 살아갈 힘을 얻습니다. 하지만 풍자와 조롱, 냉소가 악의로 똘똘 뭉쳐 약한 자들을 향하면 어떻게 될까요? 일베의 유머와 웃음은 과연 시원한 해방감을 주는 건강한 전복(顚覆)인가요? 그들은 자신에게 주어진 삶의 고통과 의문을 경쾌한 웃음으로 넘기는 사람들인가요?

　'차별과 다양성 사이의 아이들'이라는 부제를 달고 민감한 이슈들을 풀어 베스트셀러가 되었던 브래디 미카코Brady Mikako의 『나는 옐로에 화이트에 약간 블루』(2019) 후속편에는 학교에서 유행하는 밈에 대해 10대인 아들과 부모가 저녁 테이블에서 나누는 대화가 실려 있어요. 제가 주목했던 부분은 여러분 또래인 그 친구의 다음과 같은 이야기였습니다.

　　"그런데 애초에 그런 밈을 보면 왠지 '웃어야 한다'는
　　분위기가 좀 있어. 하나도 재미있지 않은데 웃지 않으면

진지하고 촌스러운 놈이 될 거라고 생각해서 억지로 웃는
남자애들이 있어. (…) 예를 들어 농담이라도 나치 같은
게 나오는 영상을 보다 선생님이나 어른한테 걸리면 엄청
혼나는 건 당연하잖아. 그렇게 어른이 진심으로 화낼 만한
영상을 보는 게 재미있다든가 반항적이라서 멋있다고
생각하는 거야."

— 브래디 미카코, 김영헌 옮김, 『나는 옐로에 화이트에 약간 블루 2』(다다서재,
2022), 115쪽

여러분은 특별히 웃음의 전염성이 큰 시기, 그리고 또래 집단
으로서 친구의 영향이 강한 시기를 지나고 있기에 스스로의 웃음
이 어떤 성격을 갖고 있는지 한번 생각해 보면 좋겠습니다. 별생
각 없이 따라 웃었거나 멋있어 보이고 싶어서 웃은 것이 혹시나
누군가에게 한숨이 되고 눈물이 된다면, 분명 그 웃음의 뒷맛은
쓸쓸할 테니까요.

✦✦

웃음은 사회적인 것

웃음은 사회적 산물입니다. 집단적 유희, 사회적 놀이 같은 것
이기 때문에 한 사회의 공통 경험에 기반해서 집단적으로 만들어

공유하지요. 예를 들어 한국의 수능 시험에 관한 유머를 핀란드의 고교생이 알아듣고 공감하며 박장대소할 확률은 지극히 낮을 거예요.

웃음의 사회적 의미는 로빈슨 크루소의 사례에서 잘 드러납니다. 『로빈슨 크루소』는 영국 작가 대니얼 디포Daniel Defoe의 대표작(1719년 발표)이자 소설 속 주인공 이름이죠. 조난을 당해 혼자 무인도에 떠밀려 온 사람입니다. 크루소는 몇 년간 혼자였기 때문에 웃는 법을 잊어버려요. 그러다가 위기에 처한 원주민 포로를 구해 주고 프라이데이Friday라는 이름을 붙여 함께 지내게 됩니다. 그런데 문명과는 동떨어진 삶을 살아온 이 순수한 존재가 터뜨리는 웃음이 크루소의 신경을 벅벅 긁습니다. 로빈슨 크루소 이야기를 프라이데이(프랑스어로 방드르디) 입장에서 새롭게 쓴 미셸 투르니에Michel Tournier의 『방드르디, 태평양의 끝』(1967)의 일부분을 보면, 웃음이 가지는 사회적 의미를 실감할 수 있을 거예요.

> 그는 웃는다. 섬뜩할 정도로 폭소를 터뜨린다. 그 웃음은
> 총독과 그가 통치하는 섬의 가식적인 엄숙함을 폭로해
> 뒤흔들어 놓는다. 크루소는 자기의 질서를 파괴하고
> 권위를 흔들어 놓는 그 철없는 웃음의 폭발을 증오한다.
> ― 미셸 투르니에, 『방드르디, 태평양의 끝』 7장 중에서

크루소는 스스로를 그 무인도의 총독으로 생각하고 있는데, 방드르디가 웃을 때마다 자기가 만든 질서가 파괴되고 권위가 파사삭 부서지는 느낌을 받습니다. 특히 하나님은 전지전능하시며, 도처에 존재하시며, 인간과 모든 사물의 창조자라고 가르치자 방드르디는 참을 수 없다는 듯 웃음을 터뜨려요. 원주민 포로였던 방드르디의 입장에서는 그런 존재가 있다는 것이 농담처럼 느껴졌던 모양입니다. 이 웃음 때문에 크루소는 그에게 처음으로 손찌검을 해요. 신을 모독하는 듯한 그 야생의 웃음을 도저히 참을 수 없었던 것이죠. 동화 '벌거벗은 임금님'에서 벌거벗은 채 행진하는 임금님을 보고 아이가 터뜨린 웃음의 의미도 이와 비슷할 것입니다.

웃음이 가지는 힘은 이렇게 놀랍습니다. 사회적으로 중요하고 의미 있다고 여기는 것들을 일순간에 작고 하찮은 것으로 만들어 버리거든요. 움베르토 에코의 소설 『장미의 이름』(1980) 속 수도원에서 벌어진 일련의 살인 사건 이면에도, 이와 비슷한 맥락에서 웃음을 금지하고자 했던 강력한 동기가 있습니다. 스포일러가 될 수 있어 자세히 언급하지는 않겠지만, 웃음은 인간이 회의(懷疑)에 빠지는 길을 열기 때문에 믿음을 흔들고 신앙을 위협한다고 생각했던 것이죠.

앞서 언급했던 풍자의 힘이 여기에 있습니다. 사실 저는 매운 맛의 풍자보다 순한 맛의 해학을 더 좋아해요. 판소리나 마당극,

소설 등을 통해 서민들이 사회적 놀이처럼 향유했던 웃음은 나를 짓누르는 것들을 일순간에 하찮게 만들어 마음을 가볍게 합니다. 웃음은 깨달음의 통로이자, 고통을 누그러뜨리고 쾌활함을 찾는 일이었죠. 표현의 자유를 내세워 혐오의 유희를 확산하거나, 유머를 가장한 폭력을 행사하거나, 고통과 절망을 더욱 확산하는 수단은 아니었습니다. 웃음이 사회적 산물이라는 것은 그 웃음이 지향하는 바에 따라 사회도 긴밀하게 영향을 받는다는 뜻이에요. 우리가 어떤 웃음을 만들어 갈 것인지를 생각해야 하는 이유입니다. 웃음을 독으로 만들지 치료제로 만들지는 바로 사회 구성원인 우리 손에 달렸죠.

✦

건강하고 보드라운 웃음

홉스와 니체가 밝힌 웃음의 특성을 마음에 담고, 마지막으로 키르케고르의 말을 들어 보면 좋을 거예요. 유머의 힘과 효용을 키르케고르처럼 진지하게 받아들인 철학자도 드물 겁니다. 그는 "유머는 믿음 앞에서 실존적인 인식의 마지막 단계"라고 말해요. 글도 좀 유머러스하게 써 주었으면 좋았을 텐데, 당최 무슨 말인지 모르게 써 놨죠? 쉽게 말하자면 키르케고르는 '신앙을 가진 사람은 삶에 대해 유머러스한 시각을 가진다'고 생각했어요. 유머가 우리 삶의 모순을 고통 없이 품게 해 주기 때문에, 현실과 신앙 사이의 긴장을 해소하는 데 도움이 되는 까닭입니다. 『장미의 이름』에서 웃음을 금하고자 했던 그 딱딱한 수도사 양반과는 반대로, 유머가 믿음과 함께한다고 생각했던 것이죠. 웃을수록 오히려 신앙이 단단해진다고요.

더 나아가 키르케고르는 삶이 우리에게 던지는 두려움에 맞서 우리가 취할 수 있는 가장 똑똑하고 전략적인 방법은 "도전적이고 반항적인 태도로 웃어넘기는 것"이라고 말합니다. (어디서 들어 본 적이 있다면 몹시 칭찬하고 싶군요. 바로 2월의 연애 상담에서 소개했던 말입니다.) 웃음은 타인을 향하기보다 나를 향할 때 가장 건강한 힘을 낸다고 생각해요. 웃음을 직업으로 하는 사람들 중에서 오래 사랑받는 이들의 공통점은, 웃음이 함부로 타인을 향하지 않고 대체로 자신을 향하게 한다는 점입니다. 타인을 향할 때도 선을 넘지 않도록 삼가고 조심하는 모습을 볼 수 있지요. 사람이 웃음을 만들어 내는 방식을 보면 사람의 됨됨이를 알 수 있고, 어떤 일에 웃는가를 보면 그 사람을 알 수 있어요.

사실 일부러 아껴 놨지만, 홉스가 내린 웃음의 정의가 진정으로 빛을 발하는 것은 홉스가 웃음을 정의하는 단락의 마지막 부분입니다. 홉스는 자화자찬의 웃음을 짓는 사람은 대부분 '스스로 자기 자신이 별 볼 일 없다고 생각하는 사람들'이라고 말해요. 그렇기에 다른 이들의 결점을 보고 흐뭇하게 여긴다는 것이죠. 그래서 홉스는 "타인의 결점을 보고 크게 웃는 것은 자신이 비겁하다는 표시"라고 말합니다. 훌륭한 사람들은 오히려 경멸과 조롱의 대상이 된 사람들을 도와 거기에서 벗어나게 해 주며, 가장 유능하고 뛰어난 사람들과 자기를 비교한다고 해요. 나보다 못한 사람과 비교하며 우월감과 흐뭇함을 느끼는 게 아니라요.

웃음을 우월감의 측면에서 보는 것은 분명 일리 있는 통찰이지만, 웃음이 언제나 힘센 사람의 몫은 아닙니다. 간극이 있고, 모순이 있고, 긴장이 있는 상태에서 작고 약한 자아의 강한 무기가 되기도 하는 것이죠. 그렇게 건강하고 아름다운 웃음이 누구보다 여러분에게서 넉넉히 피어나기를 바랍니다. "누군가의 결점을 보고 크게 웃는 건 스스로가 비겁하다는 표시"라는 홉스의 말이 여러분의 가슴에서 종처럼 울렸으면 좋겠어요. 특히 여러분은 가랑잎 굴러가는 것만 봐도 까르르 웃을 나이이니, 진심으로 맑고 유쾌하게 많이 웃었으면 좋겠군요. 그렇게 릴레이처럼 보드라운 웃음을 이어 가면 좋겠습니다. 웃음은 전염성이 강하니까요.

같은 듯 다른 웃음

쫌 발칙한 철학자의 말

웃음으로 사람을 죽일 수 있다고요?
웃음으로 사람을 살릴 수도 있다고요?

니체는 의미심장한 말을 잘 던지는 철학자입니다. "만약 아끼는 척하면서 죽이는 손을 본 적이 없다면, 인생을 제대로 본 것이 아니다."라든가, "비난할 때보다 칭찬할 때 더 주제넘음이 있다."라든가, "악의처럼 드러나는 오만한 선이 있다."라든가. 모두 씁쓸한 마음으로 고개를 끄덕이게 만드는 말들이죠.

니체가 웃음에 관해서도 이렇게 콜라처럼 톡 쏘는 말들을 많이 남겼는데, 여기에서는 특히 웃음의 살인적인 힘에 관한 한 마디를 소개하고 싶습니다. 니체는 웃음으로 사람을 죽일 수 있다는 말을 하거든요. "사람을 죽이는 것은 분노가 아니라 웃음이다."라고요. 우리는 흔히 살인이라는 참담한 범죄의 동기로, 주체할 수 없는 분노를 꼽습니다. 그런데 니체는 그런 분노보다도 웃음이 사람을 죽인다고 해요. 비웃음과 조롱이 한 사람을 죽음에 이르게 하는 모습을 우리는 안타깝게도 매스컴에서 종종 목격합니다.

인문학자 김우창 선생님은 『정치와 삶의 세계』(2016)에서 현재 한국 사회가 '오만과 모멸의 구조'로 이루어졌다고 진단합니다. 오만과 모멸의 구조란 "자기보다 못하다고 여겨지는 사람을 아무렇지 않게 멸시하고 조롱하는 심성이 사회적 관성으로 고착된 것"을 말해요. 해학의 전통을 가진 우리가 점차 조롱의 심성을 '관성'으로 만들어 가고 있는 것이 저는 슬프고 두렵습니다. 조롱은 칼처럼 찌르는 웃음이고 해학은 물 한 바가지처럼 목을 축여 주는 웃음이에요. 다시 말해서 조롱은 우리를 쓰러뜨리는 웃음이고 해학은 우리를 일으키는 웃음이지요. 저는 웃음이 우리를 일으키고 살리는 것이기를 바랍니다.

웃음으로 사람을 죽일 수도 있지만, 웃음은 어려움을 버티고 살게 해 주는 힘이 되기도 합니다. 심한 우울의 늪에서 사람이 떠오르는 순간은 한동안 잃어버렸던 웃음을 터뜨리는 순간이기도 하거든요. 웃음의 영역에서 제일 중요한 것은 '내가 나 스스로를 웃음으로 바라보는(laugh at myself)' 거예요. 어려운 자기 자신의 문제나 삶의 모순을 맞닥뜨렸을 때 낄낄 웃어넘길 수 있다면 힘든 삶을 그럭저럭 어렵지 않게 밀고 나갈 수 있을 테니까요.

나 스스로를 보고 웃을 수 있는 힘은 엄청나게 단단하고도 말랑말랑한 힘입니다. 남을 보고 웃는 게 아니라 스스로를 보고 웃는 것, 그리고 삶의 모순에 좌절하지 않고 코웃음을 치며 넘기는 것. 이 두 가지가 해학의 핵심이에요. 저는 여러분이 남을 찌르는 웃음을 조심하고, 대신 나를 콕콕 상쾌하게 찌르는 웃음을 만들기 바랍니다. 그렇게 긴장과 두려움으로 얼어 있는 나 자신을 콕 찔러서, 압력과 부담감을 푸쉬쉭 빼면서 가볍고 명랑하게 앞으로 나아가기를 바라요!

배움의
의미

잠시만요, **공자**와 **시몬 베유**가
공부하게 해 드립니다

5월의 상담

저는 공부에 소질이 없는 것 같아요. 재미도 없고요.
대체 왜 모두가 이렇게 미친 듯이 공부를 해야 하는 거예요?

공부라는 명제

"공부하기 싫어." 아마 여러분이 세상에 태어나 제일 많이 해본 말일 겁니다. (개인 차에 따라 '졸려'와 '배고파'가 1위를 다투는 훌륭한 학생들도 있겠지만요.) 정말이지 공부만 빼면 세상만사가 다 재미있어 보입니다. 남들 공부할 때 노는 건 또 얼마나 재밌게요. 시험 기간에는 벽지 무늬만 세어도 그렇게 재미있을 수가 없죠. 평소에 안 보이던 별자리가 벽지 무늬 사이에서 찬란하게 떠오르고, 그렇게 밤새 딴생각에 잠겨 있다가 찬란하게 망하곤 합니다. 나는 공부가 적성에 안 맞는 것 같은데, 왜 전국의 모든 청소년이 이렇게나 미친 듯이 공부해야 하는지 모르겠다는 친구들이 있을 거예요. 학업 스트레스에 자반고등어처럼 절여진 여러분에게 어떤 말이 힘과 위로가 될지 고민했는데, 결국 제 결론도 '공부하세요'입니다. 그 입 다물라고요? 잠깐만요. 입을 다물기 전에 공부는 무엇인지, 우리가 왜 공부해야 하는지, 어떻게 공부하면 좋을지, 한 번만 다각도로 떠들고 싶습니다.

저는 20대 중반을 넘겨서야 처음으로 공부가 뭔지, 내가 공부를 왜 하는지 진지하게 생각해 본 것 같아요(네, 저는 그때까지도 학생이었습니다…). 하루의 대부분을 공부에 매진한 10대 때는 정작 의문을 품어 본 적이 없어요. 남들이 모두 우와아아— 하고 달려가니 저도 같이 으어어어— 하고 달려갔을 뿐입니다. 방향도 모르고 길을 가다니 참 어리석었다는 생각이 들어요. 그렇게 오랜 시간 엄청난 에너지를 쏟으면서도 그 이유가 '남들이 다 하니까, 이게 좋다고 하니까'라는 건 좀 슬프지 않나요? 제가 가장 후회하는 부분입니다.

여러분은 부디 남에게 휩쓸려서, 타인의 기대를 충족하기 위해 공부하지 않았으면 해요. 공부의 중심에는 무엇보다 내가 있어야 합니다. 나의 생각, 나의 욕망, 나의 삶의 방향과 긴밀하게 연결되어야 하는 것이 공부예요. 여러분에게 가장 가깝지만 진지하게 생각해 본 적은 없을 공부, 우리 한번 여기에 관해 생각해 볼까요?

✦

공부가 뭐지?

동아시아를 대표하는 고전인 『논어』의 가장 첫 문장은 학(學)과 습(習), 즉 공부에 관한 문장입니다. 『논어』의 주인공인 기원전 500년 부근의 중국 사상가 공자孔子는 "배우고 때때로 익히면 기쁘지 아니한가[學而時習之不亦說乎]?”라면서 공부의 기쁨을 제일 먼저 말하고 있어요. 그런데 우리는 배우고 때때로 익혀도 대체로 안 기쁩니다. 왜 그럴까요? 그건 바로 공부 안에 ‘나’라는 주체가 없기 때문이에요. 내 인생을 어떻게 살지 스스로 고민해 보지 않고, 그냥 떠밀려서 공부하기 때문입니다. 시키니까 억지로 하는데, 지루하고 어려운 데다 때로는 고통스럽기까지 하니 당최 기쁠 리가 있나요. 한편으론 공부를 ‘좋은 성적을 내기 위해 교과서를 숙지하고 문제를 푸는 일’ 정도로 한정시켜 생각하기 때문이기도 해요. 다시 말하면 우리가 공부에 관해 너무 축소되고 뒤틀린 고정관념을 갖고 있기 때문입니다. 미리 귀띔하자면, 공자는 이렇게 책상에 앉아 글을 읽는 종류의 지식 습득은 공부 가운데 가장 낮은 것으로, 시간이 남을 때 하는 거라고 합니다. 어때요, 공자 할아버지가 좀 좋아지지 않나요?

　공부란 무엇일까요? 영어 단어를 외우고 수학 문제를 푸는 것? 짧은 시간 안에 연도며 공식을 머리에 쑤셔 넣으며 벌건 눈으로 책장에 눈알을 고정시키는 것? 이런 것들이 공부의 이미지로 떠오르는 까닭은 우리 사회에서 공부가 유독 시험과 밀접한 관계를 갖기 때문입니다. 여러분 주변에서 공부는 거의 ‘입시’와 동의어처럼 사용되고 있지요. 힘겹게 입시 관문을 통과한 사람들에겐 그 순간부터 ‘취업’과 유사한 의미가 되기도 하고요. 하지만 공부는 입시의 동의어도, 취업의 동의어도 아닙니다.

공부는 세상을 폭넓게 이해하고 생각의 힘을 키워 성숙한 사람이 되는 데 필요한 것입니다. 한마디로 사람다운 사람이 되기 위한 것이 공부예요. 『논어』의 첫 장인 '학이(學而)'편을 두고 중국 남송 시대의 철학자였던 주자朱子는 "인간의 길로 들어서는 문"이라고 평가합니다. 『논어』라고 하면 과거 보는 선비가 책상머리에 앉아 헤드뱅잉을 하면서 외워 대는 고리타분한 책 같지만, 놀랍게도 책상에 앉아 공부하기를 강권하는 내용은 책 안에 한 대목도 없어요. 『논어』를 한글로 옮긴 배병삼 선생님은 남이 하라니까 어쩔 수 없이 공부하는 사람, 왜 공부하는지도 모르고 책을 펴는 사람에게 『논어』는 도움 되는 책이 아니라고 말합니다. 『논어』는 인생을 자기 책임하에 자율적으로 살아가려는 사람들을 대상으로 하는 책이라고 해요. "주어진 책을 읽는 수동적 과정이 아니라 자신의 질문을 공글리기 위한 공부, 더 나아가 질문에 대한 답을 찾아가는 능동적 과정"이 배움(學)이라는 것이죠.

그러므로 배움의 대상은 꼭 국영수 같은 교과목만이 아니에요. 사람다운 사람이 되기 위한 철학적 질문, 사랑에 관한 고민, 이해할 수 없는 일들을 이해해 보려는 노력, 타인과 다정한 관계를 맺는 일, 요리나 운전 같은 삶의 기술, 들풀이며 꽃들과 평화롭게 지내 보려는 노력, 여행으로 시야를 넓히는 경험, 응급처치법과 성(性) 문제, 심지어 '덕질'처럼, 나라는 인간으로서 건강하고 행복하게 살아가기 위한 다양한 영역에 두루 미치는 것이 공부입니다.

김사인 시인은 「공부」(『어린 당나귀 곁에서』, 2015)라는 시에서 세상 떠나는 어머니의 마지막을 배웅하는 일, 누군가 가고 누군가 오는 일, 때로는 그 곁에 지켜 서 있는 일, 이 모든 것이 공부라고 말해요. '다 공부지요'라고 말하고 나면 참 좋다고, 모든 게 견딜 만해진다고도 합니다. 그러니 공부의 영역은 단지 교과서와 단어장과 문제집만이 아닌 것입니다. 저는 여러분이 우선 '공부'라는 단어의 울타리부터 넓고 유연하게 만들기를 바라요.

✦

'나'가 빠진 공부, '나'를 채우는 공부

우리의 공부를 좀 돌아볼까요. 우리는 대체로 어떤 과목에 '대해서' 배우느라 그 과목으로 세상을 바라보는 법을 배우지 못합니다. 수학 문제 푸는 법을 배우는 데 급급해 정작 세상을 수학적으로 바라보는 법을 놓치고, 미술을 배우는 데만 몰두하다 보니 미술과 제대로 마주하는 법을 배우지 못하죠.

저는 학창 시절에 수학 문제를 풀 줄은 알았지만 수학적 개념에 관한 의문은 단 한 번도 품어 본 적이 없어요. 왜 자꾸 쓸데없이 물에다 소금을 섞어 놓고 농도를 구하라고 하는지 짜증이 났을 뿐입니다. 은호 통장 복리 계산을 왜 나한테 시키는지, 자꾸 나한테 그놈의 각도를 구하라고 하지 말고 각도기를 좀 사면 안 되는지 항의하고 싶었죠. 수학은 그저 기계적으로 답을 내는 과목이었지, 어떤 질문을 품어 볼 영역은 아니었거든요. 수학의 언어로 세상을 바라보는 법을 배운 적이 없었기 때문입니다. 미술도 마찬가지로 작품에 폭 빠져들어 그 안에 든 이런저런 이야기들을 상상하기 전에 일단 어느 사조의 어떤 화가가 어느 시대에 그린 것이며 특징은 무엇인지, 이런 것들을 기계적으로 외우기 바빴죠.

그러던 어느 날, 같은 학교에서 수학과 박사과정을 밟던 친구가 함께 교정을 걷다가 "진민아, 여기 이 길은 x인(뭔가 그 앞에 그 수열을 수식하는 설명이 붙었으나 제가 기억할 리 없습니다) 등차수열이자 y인 등비수열로 나무가 심어져 있어."라고 했을 때의 충격이 저를 강타합니다. 그 친구는 운동화 끈을 어떻게 하면 각각의 구멍에 가장 짧은 선으로 연결할 수 있을까, 그런 생각도 한다고 했어요. 저는 그 말을 듣고서야 처음으로, 밤하늘의 별을 바라보면서 한붓그리기가 가능한 별자리들을 찾아 눈으로 이으며 집으로 돌아왔답니다. 갑자기 나를 둘러싼 세상이 수학적으로 보였고, 그게 참 재미있었어요. 수학도 세상을 바라보고 표현하는 하나의 언어라는 것을 그때 새삼 깨달았던 것이지요.

우리가 배우는 것들은 책에만 있는 게 아니라 이렇게 내 세상 안으로 퐁당 들어와야 합니다. 김경미 시인은 「공부」(『당신의 세계는 아직도 바다와 빗소리와 작약을 취급하는지』, 2023)라는 시에서 새와 저녁노을을 배우면 기차를 만들 수 있고, 연도를 익히면 후회를 배울 수 있고, 알파벳 여섯 개의 조합법을 배우면 배신하는 남자와 여자를 만들 수 있다(아마도 s/he left를 염두에 둔 것이겠지요?)고 해요. 여러분이 영어를 배우면서 부정관사 a가 정관사 the로 변하는 과정에 놓인 그 모든 전전긍긍과 안절부절, 알콩달콩한 썸을 이해한다면 영어를 배우는 일이 한층 재밌을 거예요. 미역에는 요오드와 칼륨이 풍부하다는 것만 외우지 말고, 말린 미역이 가지고 있는 미친 잠재력을 몸소 체험하며(미역이 불어나듯 내 통장 잔고도 불어나면 좋을 텐데요) 사랑하는 사람들의 생일을 기념하는 미역국을 끓일 줄 안다면 훨씬 삶이 따뜻해질 거고요. 그렇게 공부의 초점을 내 삶을 풍성하게 만드는 방향에 맞추어 둔다면, 배우는 것도 때때로 익히는 것도 공자님 말씀처럼 분명히 즐거워집니다.

✦✦

소통을 위한 공부

한국은 대학 진학률이 70퍼센트를 넘는 고학력 사회이면서도 (독일은 절반 정도인 50퍼센트가 대학에 가고, 프랑스의 경우에는 대학 진학률이 40퍼센트대라고 합니다) 배움이 실생활로 잘 이어지지 않고, 문해력(文解力) 논란도 잦습니다. '금일(今日)'을 금요일로 착각한 대학생이 과제를 제때 제출하지 못해 항의를 하거나, '고지식하다'는 말을 지식이 높다는 걸로 오해하는 경우도 있다고 하죠. 출발

지점, 혹은 일이 시작되는 계기라는 뜻의 '시발점'을 두고는 "선생님, 왜 욕해요!"라고 항의하는 귀여운 친구들도 있었다고 하고요. 2021년 OECD(경제개발협력기구)가 수행한 만 15세 청소년들의 디지털 정보 문해력 조사에 따르면, 한국 청소년 4명 중 3명이 '오피니언(opinion, 주장)'과 '팩트(fact, 사실)'의 차이를 구분할 줄 모른다고 합니다. 단순히 글자를 읽을 줄 아는 것을 넘어서 단어의 뜻을 이해하고 긴 글에 담긴 복합적인 요소를 분석하는 능력이 필요한데, 우리 교육이 빠른 시간 안에 정답을 찾는 입시 위주 문제 풀이를 향하다 보니 고학력자여도 여전히 이런 능력이 떨어진다는 문제가 발생하고 있어요.

우리가 문해력이 떨어지는 고학력자를 대량생산하는 사회가 된 이유는, 교육 시스템이 개인의 사유나 성찰, 비판 능력을 일깨우기보다는 신분 상승과 계급 재생산을 위한 학벌 획득에 초점을 두기 때문이라고 생각합니다. 공부를 열심히 하는데 서로의 말과 글을 이해하지 못하는 사회. 기이하지 않나요? 밤늦게까지 '야자'를 하지만 서로 진지한 토론을 하지는 않는 학교, 천천히 생각할 시간을 주지 않고 빨리 정답을 찾아내라고 닦달하는 교육. 고등학교는 말 그대로 '고등' 교육을 받는 곳인데, 학교를 졸업해도 우리는 서로 진지한 대화를 나누는 일을 어려워합니다. 진지함은 주로 충(蟲) 자를 붙여 벌레로 취급하곤 하죠. 가볍게 사는 것도 좋지만 인생이 평생 풍선처럼 가벼울 수는 없습니다. 진지하게 고민하고 생각하는 시간이 있어야 인생을 보다 가볍게 살 수 있기도 하고요. 사실 진지함을 불편함으로 만든 것은 진지할 기회를 주지 않고 그저 빨리 정답을 내놓으라고 한 어른들의 탓이 크다고 생각합니다. 하지만 진지함이 벌레 취급을 당하는 사회에서는 타인과의 진지한 관계도 만들기 어렵지 않을까요?

개인적으로 제가 공부를 많이 해서(제게는 공부를 많이 한 자에게 주어지는 박사라는 타이틀이 있습니다. 믿어 주세요) 좋다고 느꼈던 때는 무엇보다 '상대를 잘 이해할 수 있을 때'였습니다. 상대의 세계로 거리낌 없이 퐁당 뛰어들 수 있을 때, 소통의 기쁨을 느낄 때. 즉, 좋아하는 사람과 마주 보고 서로 좋아하는 것들에 대해 막힘없이 재미있게 대화를 나눌 수 있는 순간 같은 것 말이죠. 생각의 근육이 꽤 발달해서 몸으로 치면 체력이며 근력에 필적하는 이해력과 사고력이 뒷받침되면, 어떤 사람이 어떤 얘기를 하더라도 잘 알아듣고 알맹이를 흡수할 수 있습니다. 그러므로 새로운 사람과의 대화가 즐거울 확률이 높아지고 세상에 좋은 마음으로 만날 수 있는 사람이 늘어나는 기쁨이 있어요.

한마디로, 공부를 많이 하면 사랑스러운 사람들을 더 잘 사랑할 수 있게 됩니다. 꼭 사람들과 직접 소통하지 않더라도 생각의 언어가 풍부해지면 책이며 영화며 노래며 세상 풍경이며, 그 모든 것이 나에게로 닿아 오는 속도와 질이 달라져요. 해상도 높은 화면에서 이미지가 선명하게 보이듯, 공부를 하면 세상이 좀 더 선명하게 보이는 거죠. 저는 그래서 공부를 계속하고 싶습니다. 더 많이 사랑하고 더 많이 이해하며 살고 싶어서요.

✦

공부는 서로를 사랑하는 일

공부는 나를, 그리고 타인을 사랑하는 일입니다. 공부하느라 연애를 못 하고 있는데 공부가 뭔 놈의 사랑이냐고요? 모르면 남에게 상처를 줄 수 있기 때문이에요. 누군가에게 상처를 주는 일은, 내가 너에게 상처를 주겠다는 강한 의지에서 발생하기보다는 그냥 잘 몰라서 일어나는 경우가 훨씬 많습니다. 역사를 잘 모르면 나치의 하켄크로이츠 문양이 멋있어 보일 수도 있겠죠? 글을 읽으면서 정말로 '주장'과 '사실'을 구분하지 못한다면 시시때때로 등장하는 가짜 뉴스에 속아 누군가를 비난하기도 쉬울 거예요. 누군가를 아프게 하는 말이라는 걸 모르면, 해맑은 표정으로 인종차별을 하는 사람이 됩니다. 세상을 바른 눈으로 보고 더욱 사랑하기 위해 우리는 지식과 경험을 쌓고, 눈과 귀를 예민하게 하는 법을 부단히 익혀야 해요.

사실 아는 것이 많아질수록 모르는 것이 많음을 깨닫게 됩니다. 공부를 할수록, 질문을 가질수록 나를 둘러싼 세계가 커지기 때문이에요. 내가 모르는 세상은 거의 무한대로 늘어나는데, 나는 그 안의 아주 작은 부분만을 알고 있다는 부끄러움이 생깁니다. 우물에 낀 이끼의 생태를 알고 의기양양해하다가, 호수의 물풀들을 만나 한껏 벅차하다가, 수많은 민물고기들을 알게 되어 경이로움을 느끼다가, 미역을 만나서 소문으로 전해지는 심해어의 생김새를 듣고 놀라 자빠지는 것이죠. 그러므로 공부를 하면 할수록, 한편으로는 확신이 늘어 가면서도 다른 한편으로는 확신이 줄어드는 묘한 경험을 하게 될 겁니다. 확신만이 늘어 가는 공부는 잘못된 공부라고 생각해요. 신영복 선생님 말씀처럼, 방향을 가리키는 나침반은 언제나 떨려야 합니다. 공부라는 것은 늘 이렇게 우리가 모자란 존재임을 알고, 그렇기에 더더욱 서로의 말에 귀 기울여야 한다는 것을 깨닫는 일이어야 해요. 인간은 함께 살아가야 하는 존재라는 것을 깨닫고, 서로 기대며 사랑하는 법을 배우는 일이어야 하고요.

프랑스 출신의 20세기 철학자 시몬 베유Simone Weil는 "학교 공부의 유일하게 진지한 목적은 관심을 기울이는 법을 훈련하는 것"이라고 말했어요. 관심의 질이 삶의 질을 결정한다는 거죠. 우리는 평생을 두고 다양한 것들에 관심을 가집니다. 평생 공부를 해야 한다면 조금 부담스러울 수도 있지만, '평생에 걸쳐 질 좋은 관심을 진득하게 간직하는 것'이라면 꽤 해 볼 만하지 않나요? 관심 있게 세상을 바라보고 나만의 질문과 맥락을 만들어 내는 것, 평생에 걸쳐 나의 문체를 만들고 이 세상에 나의 작은 무늬를 찍어 내는 것. 이 세상은 모순투성이고, 그렇기에 혼란합니다. 잘 듣고 잘 읽고 좋은 질문으로 타인과 대화해서, 평생에 걸쳐 조금씩 이 세상을 내가 이해하는 방식으로 최대한 다른 사람도 납득할 수 있게 풀어 내는 사려 깊은 사람이라면 공부를 제대로 한 사람이 아닐까요.

앞서도 언급한 독일 철학자 니체는 "높은 인간을 만드는 것은 높은 감각의 강도가 아니라, 그 지속성이다."라고 말했어요. 저는 이 말을 참 좋아합니다. 공부를 잘하는 사람이 강한 게 아니라, 지속적으로 공부하는 것이 높은 인간을 만드는 거겠죠. 학창 시절에 잠깐 점수를 잘 받는 것이 좋은 사람을 만드는 게 아니라, 삶에 걸쳐 꾸준히 배우고 즐거워하는 인격이 높은 인격일 거예요.

공부라는 영어 단어 '스터디(study)'의 어원은 '어떤 것을 추구하고 헌신하는 일, 무엇인가를 하느라 바쁜 상태, 뭔가에 집중하는 것' 등을 뜻하는 라틴어 스투디움(studium)이라고 합니다. 저는 이 어원에 우리가 공부와 연결해야 하는 중요한 단어들이 적절하게 담겨 있다고 생각해요. 추구, 헌신, 집중. 즉, 추구해야 할 목표를 스스로 정하고, 집중하고 몰입하는 태도로, 지속적으로 꾸준히 헌신하는 것이 공부인 겁니다. 그러므로 공부는 평생 하는 거예요. 살려 달라고요? 여러분도 분명 느끼게 될 겁니다. 누가 시켜서 하는 공부가 아니라 내가 하고 싶어서 하는 공부는, 평생 하더라도 공자 할아버지가 말씀하신 것처럼 꽤 기쁘다는 것을요.

저는 여러분이 세상을 만나 가는 공부가 즐겁고 행복했으면 합니다. 젊고 반짝이는 날에 입시로만 귀결되지 않는 싱싱한 공부를 할 수 있기를 바라요. '공부'라는 말로 어딘가로 숨어 들어가는 것이 허락되는 시기에 왕성히 배우고 실패하고 깨어지기를, 모를 수 있는 축복을 한없이 누리기를 바랍니다. 성공보다 중요한 것은 성장이에요. 재능이나 성적보다 중요한 것은 인간으로서의 행복이고요. 그렇게 꾸준히, 세상의 사랑을 키워 가는 방향으로 즐겁게 공부했으면 좋겠습니다. 오늘도 배우고 때때로 익히는 즐거움을 맛보기를, 공부가 그렇게 맛있고 든든한 것이기를, 그래서 정말로 사람 냄새 나는 좋은 사람으로 천천히 성장하기를, 공자 할아버지와 베유 이모와 손잡고 기원할게요.

나를 위한 공부,
남을 위한 공부

쫌 멋있는 철학자의 생각

여러분은 지금 누구를 위해서 공부하고 있나요?

'나는 지금 나를 위해서가 아니라 엄마 아빠와 선생님께 만족을 드리기 위해서, 혹은 남들에게 인정받으려고 공부하고 있는 게 아닐까?' 이런 생각이 깊어지는 친구가 있다면 공자 할아버지 말씀을 한 문장 더 만나 보기 바랍니다. 첫 줄의 한자 독음을 한번 소리 내어 읽고, 그 아래 뜻풀이도 곱씹어 보세요.

> 고지학자위기(古之學者爲己), 금지학자위인(今之學者爲人).
> 예전에는 나를 위해서 배웠는데, 요즘에는 남을 위해서 공부한다.
> — 『논어』, 제14편 「헌문憲問」, 제25장

'위기지학 vs. 위인지학'이라는 비교로 많이 알려진 구절입니다. 위기지학은 나를 위한 공부, 위인지학은 남을 위한 공부예요. 위기지학이 스스로의 필요에 의해 자신을 수양하고 발전시켜 가는 공부라면, 위인지학은 다른 사람에게 인정받고 알려지기 위해, 즉 남에게 과시하기 위해 하는 공부를 말합니다. 똑같은 영어 단어를 종이에 쓰더라도 영어는 내가 다른 세계를 볼 수 있는 창문이라는 생각으로 공부하는 친구는 위기지학을 한다고 할 수 있지만, 학원 숙제를 한 것처럼 보이기 위해 대충 눈속임으로 적어 둔 친구라면 위인지학이라고 말할 수 있을 거예요.

'위기지학', 즉 나를 위한 공부는 내 삶의 중요한 질문에 답을 찾아가기 위한 능동적 과정을 말하는 반면 '위인지학', 즉 남에게 보이기 위한 공부는 출세와 성공을 위한 공부라는 측면이 강합니다. 11세기 송나라의 정이천程伊川은 공자의 이 구절에 다음과 같은 주석을 달았어요. "옛날에는 나를 위해 공부해서 끝내 남을 이루어 주었고, 지금은 남을 위해 공부해서 끝내 자신을 상실한다." 남을 위해 공부해서 끝내 자신을 상실한다니, 지금의 우리에게도 참 울림이 큰 말 아닌가요? 우리는 혹시 지금 남에게 보이기 위한 공부를 하고 있지 않은가?

저도 부모님의 기대에 어긋나지 않기 위해서 부모님이 바라는 방향의 공부를 한 시간이 꽤 길어요. 뒤돌아보았을 때 참 후회하는 부분입니다. 여러분은 부디 그러지 않았으면 해요. 배워서 남을 주는 것은 좋지만, 애초에 남을 위해 공부하지는 않았으면 합니다. 저는 여러분이 하는 공부가 무엇보다 '나'를 단단히 채워 가는 시간이기를 바라고 또 바라요. 나는 누구인지, 내가 뭘 좋아하고 무엇을 원하는지 아무것도 생각해 보지 못한 채 어른이 되지 않도록, 그렇게 오늘도 같이 무언가를 즐겁게 배웠으면 좋겠습니다.

과학의 시대 살아가기

데카르트와 **소크라테스**가 전하는,
인공지능 앞에서 쫄지 않는 법

사람 같은 가상 인간,
나보다 공부 잘하는 인공지능

여러분이 가장 가깝게 느끼는 인공지능(artificial intelligence, AI) 은 무엇인가요? 인간을 포함한 동물이 가지고 있는 자연적 지능, 즉 natural intelligence와 구별되는 AI는 인간의 학습·추론·지각 능력을 인공적으로 구현하려는 컴퓨터과학의 세부 분야입니다. 가상과 현실의 경계를 지워 주는 AI 기술은 이미 우리 생활 곳곳 에 스며들어 있지요. 딥페이크 기술로 탄생한 버추얼 휴먼(virtual human, 가상 인간)이 모델이 되어 광고를 하고, 인플루언서로서 유 튜브 계정을 운영합니다. 유명을 달리한 가수가 되살아나 팀 멤버 들과 완전체로 노래를 불러 가슴을 먹먹하게 만들기도 하지요. 가 상 인간들은 쇼 호스트나 아나운서로도 등장하고, 유명 배우의 젊 은 시절을 담당하기도 합니다.

여러분은 사람 같은 가상 인간을 보며 어떤 감정이 드나요? 한 로봇공학자는 인간의 형체를 띠는 대상이 인간과 닮을수록 커지 던 호감도가 일정 수준에 다다르면 오히려 불쾌감으로 바뀌게 된다고 했습니다. 인간이 아닌데, 인간으로 착각하게 하는 듯한 존재에 대한 반감 같은 거죠. 이 거부감을 느끼는 지점을 '불쾌한 골짜기(uncanny valley)'라고 부르는데, 요즘의 기술 수준은 이마저도 뛰어넘은 것 같습니다. 어정쩡하게 인간과 닮았던 수준을 지나 이제 인간과 쉽게 구별하기 어려운 그들 모습에 저는 요즘 자꾸 제 눈알을 의심하고 있어요. 스크린 속 이미지는 이제 어디까지가 진짜이고 어디부터 가상인지 쉽게 판별하기 어렵습니다.

한편 오픈에이아이OpenAI에서 개발한 대화 전문 인공지능 챗봇 '챗GPT'는 생일 파티 아이디어나 독서 모임 진행법, 휴가 계획 짜기 같은 창의적 사고가 필요한 질문에도 멋진 답을 내놓아 이미 우리를 놀라게 한 지 오래되었습니다. 이제 대학에서는 과제를 하는 것이 학생들이 아니라 챗봇일까 봐 걱정하고 있다고 하지요. 2016년 큰 화제가 되었던 알파고와 이세돌 9단의 바둑 대국을 기억하는 친구들이 있을 겁니다. 구글 전(前) 최고경영자(CEO) 에릭 슈밋Eric Schmidt은 "누가 이기든 그것은 인류의 승리"라고 했지만, 알파고가 4승 1패로 승리하면서 많은 사람들이 이를 인간에 대한 기계의 승리로 받아들이고 우려를 표하기도 했지요.

이제 AI는 번역도 하고 책도 쓰고 작곡도 하고 그림도 그립니다. 당연히 나보다 공부도 잘하겠죠. 수능을 보면 분명 높은 점수를 척척 받을 거예요. 실제로 AI가 미국 현지에서 대입을 준비하는 학생 상위 3퍼센트의 성적을 보였다는 기사도, 미국 변호사 시험과 일본 의사 면허 시험에 합격했다는 기사도 있었습니다. 상황이 이렇다 보니 불안해지는 것이 사실입니다. '미래 사회에는 기계가 뭐든 나보다 잘하는 게 아닐까? 열심히 공부해서 꿈을 이뤘는데 그 직업이 사라지면 어쩌지?' AI 시대에 대체 가능성이 높은 직업들 리스트를, 사람들이 데스노트 살피듯 확인하는 이유가 거기 있을 거예요. 이번에는 어디까지가 진짜인지 모를 세상에서 AI가 나를 대신하는 것은 아닌지 불안이 생기는 친구들에게 두 명의 철학자, 서양 근대 철학의 아버지라 불리는 르네 데카르트René Descartes와 우리의 듬직한 '테스 형' 소크라테스를 소개하려고 합니다.

내가 사는 세상은 진짜일까?

이 세상이 진짜 존재하는 것이냐니, 이게 무슨 PC방에서 수학 문제집 펴는 소리냐고요? 헛소리 같지만, 뭔가가 정말로 존재하는지 입증하는 건 생각보다 어려운 일입니다. 우리 눈앞에 먹음직스러운 떡볶이 한 접시가 놓여 있다고 해 보지요. 장미보다 고혹적인 빨간색, 피톤치드보다 우월한 치명적 향기, 코에 따뜻하게 느껴지는 훈훈한 김까지, 이게 가짜일 리 없습니다. 내 앞에 놓여 있는 것은 분명 떡볶이가 맞다고 우리의 눈과 코가 입을 모아 말하고 있어요(눈과 코가 입을 모으다니 괴기스럽군요).

하지만 우리 감각은 믿을 수 없는 것입니다. 여러분은 뜨거운 물에 들어가서 시원하다고 말할 나이는 아니겠지만, 분명 차갑다고 생각했던 수영장 물이 수영을 하다 보니 어느새 미지근하게 느껴진 경험이 있을 거예요(이상한 생각은 금물입니다. 수영장 가기 전에 꼭 화장실을 들르기 바랍니다). 떡볶이의 저 고귀한 레드는 정말 빨강일까요? 적록색맹을 가진 사람에게는 떡볶이 떡이나 브로콜리 줄기나 큰 차이가 없어 보일 거예요. 색맹이 아니더라도 조명에 따라 갈색으로 보일 수도 있겠죠. 냄새와 맛은? 일단 감기만 걸려도 당장 혼란스러워지는 영역입니다. 아보카도를 김에 싸서 와사비 간장에 찍어 먹으면 참치회 맛이 난다고 해서 한때 다이어트 식으로 각광받은 적이 있어요(원효대사 해골물 다이어트, 여러분도 관심 있으면 도전해 보세요!).

감각은 이렇게 속기 쉬운 것이고, 우리가 뇌에 입력하는 정보도 주관의 영향을 많이 받습니다. 덴마크 심리학자 에드가 루빈 Edgar Rubin이 고안한 '루빈의 꽃병(Rubin's vase)' 같은 것은 보는 사람에 따라 꽃병으로도, 마주보고 있는 두 사람의 얼굴로도 보이니까요. 그러므로 꽃병을 봤다고 하는 사람의 말을 곧이곧대로 믿을 수 없습니다. 그가 본 게 진짜 꽃병인지, 두 사람의 옆얼굴인지, 그것도 아닌 제3의 사물인지는 아무도 확실히 말할 수 없으니까요. 이렇게 하나씩 의심해 가다 보면 내 앞에 놓인 것이 과연 떡볶이

루빈의 꽃병

라고 말할 수 있는지, 출출한 내가 지금 헛것을 보는 건 아닌지 혼
란스러워집니다.

　데카르트도 비슷한 방법으로 자신을 둘러싼 것들을 차례차례
의심했어요. 철학의 확고한 기초를 세우고 싶었던 그는 일단 의심
할 수 있는 것을 모조리 의심해 보기로 합니다. 내가 입고 있는 옷,
내가 있는 장소, 2+2=4 같은 수학적 명제까지, 드라마 〈SKY 캐
슬〉(2018)의 명대사처럼 의심하고 또 의심했어요. 나의 육체까지
환상일 수 있다는 생각에 이르렀지만 단 한 가지 사실, 내가 지금
의심하고 있다는 사실만은 의심의 여지 없는 자명한 사실이었습
니다. 그래서 나온 것이 "나는 생각한다, 그러므로 나는 존재한다
(Cogito ergo sum, 코기토 에르고 숨)."라는 유명한 문장, 바로 데카르트

인식론의 핵심이 되는 문장이지요.

제가 데카르트를 불러온 것은 그가 이 명제에서 출발해서 그 위에 차곡차곡 연역적으로 쌓아 가는 논리들을 설명하려는 게 아니에요. 인간의 감각이라는 것이 원래부터 믿기 힘든 것이라는 사실을 일깨우기 위함입니다. 꼭 인공지능이나 가상현실이 우리 감각을 홀리지 않아도, 우리는 원래부터 완벽하게 믿기 힘든 세상에 살고 있어요. 현실처럼 꾸며진 스튜디오 안에서 살고 있었던 영화 〈트루먼 쇼〉(1998)의 주인공, 혹은 시뮬레이션 세계 속에서 꿈을 꾸고 있었던 〈매트릭스〉(1999)의 주인공을 알고 있나요? 나는 이 주인공들과는 달리 실재하는 진짜 세상에서 살고 있다고 확신할 근거가 사실 없는 것이죠.

✦

무엇을 보고, 무엇을 믿고 싶은가

아니 당장 내 앞의 떡볶이가 이렇게 맛있는데 이게 착시든 환상이든 다 무슨 상관이냐고요? 나는 행복하니 거 좀 조용히 하라고요? 원효대사님께서 삼삼칠 박수를 치실 만한 아주 중요한 포인트입니다. 실제로 존재한다는 사실을 입증하는 것이 어렵기 때문에, 결국 우리의 가치 부여가 중요해진다는 사실이죠. 감로수라고 생각하고 마시면 해골에 고인 물도 시원하고 달콤한 법입니다.

사실 우리는 이렇게 믿고 싶은 대로 믿고, 주관적 판단을 내리며 이 세상을 해석합니다. 거짓도 참으로 만들어 버리는 것이 우리의 믿음이에요. 삼인성호(三人成虎)라는 말이 있죠. 번화가 한복판에 호랑이가 나타났다는 말을 세 번 들으면 안 믿던 사람도 믿게 된다는 뜻으로, 다수가 우기면 없던 호랑이도 생긴다는 겁니다. 종교도 마찬가지 방식으로 작동한다고 볼 수 있을 거예요. 입증할 수 없는 것을 두고, 다수의 확고한 믿음이 그것을 참이라 생각하고 가치를 부여하는 것이죠.

그러므로 이 세상이 실재하는가 아닌가의 여부보다 중요한 것은, 결국 우리가 이 세상을 어떤 눈으로, 어떤 마음으로 바라보는가 하는 것일지도 모릅니다. 어떤 것을 진실로 믿는지, 또 진실이라고 생각하는 방향으로 움직일 마음이 있는지, 그런 것들 말이에요. 당장은 우리 눈앞의 가상현실과 실제 세상을 구분하는 것이 중요할 것 같지만, 기원전에도 현재에도 정작 중요한 것은 결국 '우리가 어떤 것을 보고 싶어 하고 어떤 것을 믿으려 하는가'라는 겁니다. 가상현실이 구현해 내는 것도 결국은 우리가 보기를 원하는 것들이니까요. 그것이 그리운 추억이든, 필요한 인간의 모습이든, 아니면 더러운 범죄가 될 딥페이크 영상이든 말이죠. 기술은 끊임없이 우리가 보고 싶어 하는 것들을 만들어 낼 것이고, 가상현실을 구분하고 싶어 하는 마음은 또 그것에 휘둘리지 않도록 구분하는 기술을 만들어 낼 것입니다.

✦✦

무엇이 좋은 삶일까

그러므로 결국 중요해지는 건 우리가 생각하는 '좋은 삶'의 모습입니다. 어떻게 더 나은 삶을 살 수 있을까, 어떤 삶이 기쁘고 행복할까, 이런 고민이 중요해지는 것이죠. 기술은 그런 청사진을 돕는 방향으로 발전해 갈 테니까요. 모기들의 세상에 인공지능이 [문(蚊)공지능…?] 있다면 그 기술은 아마 주거침입의 미학, 효율적인 유기농 흡혈, 느린 인간 선별법, 이런 것들을 향해 가지 않을까요. 인간인 우리는 어떻게 행복하고 의미 있는 삶을 살 수 있을까요? 과학기술은 어떤 방향으로 나아가야 할까요?

효율성과 생산성을 따진다면 오류를 제거하고 보다 편리해지는 방향으로 가야 할 겁니다. 예를 들면 병충해에 강하고 맛 좋은 작물, 시간을 단축시켜 주는 기계와 로봇들, 대량생산에 최적화된 시스템, 이런 것들을 갖추는 방향으로요. 하지만 효율 뒤에는 종종 슬픔이나 위험이, 편리함 뒤에는 대체로 상실이 웅크리고 있습니다. 인간은 바나나 품종을 개선해 나가다 결국 우량 단일종으로 만들어 환경 파괴에 일조하고 바나나 멸종 위기를 초래해 버렸지요. 무인 키오스크의 효율 뒤에는 일자리를 잃은 아르바이트생과 그 앞에서 허둥대는 몇몇 어르신들이 계십니다. 빠른 시간에 척척 옷감을 짜 내는 기계가 있으니 이젠 할머니가 손수 짜 주신 목도리 같은 건 없어져도 좋을까요?

　과학의 시대에 철학이 중요해지는 이유가 여기 있습니다. 철학은 어떻게 하면 삶을 잘 살 수 있을지 묻고 또 묻는 일이니까요. 고대에는 사실 철학과 과학이 크게 구분되지 않았습니다. 고대 그리스의 철학자들은 대체로 과학자이기도 했지요. 근대까지도 뉴턴, 데카르트, 베이컨 같은 이들 모두가 철학자이자 과학자였습니다. 하지만 이제는 과학이 철학의 손을 뿌리치고 저만치 달려가고 있어요. 생화학자이자 유명한 SF 작가인 아이작 아시모프Isaac Asimov는, "현재 인간 삶의 최대 비극은 우리 사회가 지혜를 모아서 쌓아 올리는 속도보다 과학이 지식을 긁어모으는 속도가 훨씬 빠르다는 것"이라고 합니다.

　기술 발전은 생산성을 획기적으로 높여 수십억 명의 삶을 개선할 수 있지만, 과학기술이 가는 경로 자체가 편향될 위험도 분명 있습니다. 더 많은 것을 생산하는데도 빈부 격차가 더 커지는 방향으로 나아갈 수도 있고, 어떤 기술은 특정한 사람들을 따돌리는 역할을 할 수도 있는 것이죠. 앞서 바나나의 예에서 보듯, 그리고 스마트폰이 바꾸어 버린 우리의 일상에서 보듯, 과학기술이란 건 우리 삶의 토대를 통째로 바꾸어 버리는 성질이 있기 때문에 늘 질문하고 또 질문해야 해요. 과학이 인간을 잘 이해할 수 있도록, 인간에 대해 따뜻하고 새로운 시각을 제시할 수 있도록, 때로는 제동을 걸고 때로는 받쳐 주는 것이 철학이어야 합니다.

✦

느린 속도로 궁금해하기

질문하고 또 질문해야 한다는 말에 "저 부르신 분?" 하며 등장할 철학자가 있습니다. 바로 질문의 왕 소크라테스예요. 소크라테스의 철학은 한마디로 질문입니다. 그래서 혹자는 소크라테스의 사상이 있는 것이 아니라, 소크라테스의 사고방식만이 있을 뿐이라고 하기도 하죠. 소크라테스는 대화에 전념했기에 책을 단 한 줄도 쓴 적이 없습니다. 오늘날 우리가 알고 있는 소크라테스의 대화는 모두 제자 플라톤이 남겨 놓은 것이에요. 그는 이야기 나누기를 좋아했고 사람들을 붙들고 끊임없이 질문했습니다.

소크라테스에게 잡히면 집에 갈 수가 없었어요. 소크라테스식 문답법을 '산파술'이라고 하는데, 잘 안다고 생각했던 개념을 찬물에 넣었다 더운물에 넣었다 붉은빛을 비췄다 푸른빛을 비췄다 하면서 끈질기게 다각도로 살펴보는 겁니다. 이렇게 끊임없는 질문을 받다 보면 내가 잘 알고 있다고 생각한 것이 문득 낯설어지고 그 안에서 오류를 발견하게 되는데, 이런 순간을 '아포리아(aporia)'라고 해요. 산파술이라는 이름이 붙은 이유는, 이것이 아이를 낳을 수 있게 옆에서 돕는 산파의 역할과 같기 때문입니다. 답을 알려 주는 게 아니라 질문을 통해 스스로 깨닫게 하는 것이죠. 소크라테스에 따르면 자기가 안다고 생각하는 걸 정말로 아는 사람이 없었다고 합니다. 장군은 용기가 무엇인지 몰랐고, 시인은 시를 정의 내리지 못했다고 해요.

자, 우리 한번 기술의 편리함을 가지고 테스 형과 대화를 나눠 볼까요. 소크라테스(소)와 독자들(독) 사이에서 마치 소떡소떡처럼 아름답게 꿰어지는 짧은 대화를 만들어 보죠.

소: 기술은 편리한 것인가요?

독: 네. 이제 스마트폰에 모든 기능이 다 있어서 그것만
　　　들고 다니면 되니까 좋아요.

소: 잃어버리면 어떻게 되나요? 집을 나왔는데 당장
　　　대중교통도 못 타고, 결제도 못하고, 길도 못 찾고,
　　　기다리고 있는 친구와 연락도 할 수 없어지는데요?
　　　갑자기 너무 불편해지지 않나요?

독: (뭐래… 안 잃어버리면 되지….) 그럼 수첩에 필기구에
　　　지갑에 시계에 노선도와 지도까지, 그런 것들을 모두
　　　둘러메고 다니는 것이 편리한 것인가요?

소: 스마트폰이라는 것은 있을 때는 편하지만 없으면
　　　치명적으로 불편해지는 물건이군요. 있을 때는
　　　편리하지만 없어지면 당장 불편함이 배가 된다면,
　　　그래도 우리의 편리가 늘어난 것일까요? 무엇에
　　　의존하는 일은 편리한 것인가요?

독: (짜증…) 없을 때는 불편해도, 있을 때 너무나 편리하기
    때문에 사람들이 다 써요. 사람들이 그만큼 많이
    쓴다는 것은 좋다는 말 아닐까요?

소: 나이 지긋한 어르신들도 이것을 편리해하나요? 다수가
    편하면 소수는 불편해도 좋은 것인가요?

독: 근데 저 집에 가면 안 돼요?

더 길게 늘어질 수 있지만 여기서 잘라 볼게요. 이 대화를 통해 편리함의 기준은 사람마다 다르다는 것, 편리함의 이면에는 의존의 문제가 따른다는 것, 편리함은 정의와 평등이라는 주제와도 연결된다는 것 등을 깨달을 수 있었죠? 의존하지 않는 삶, 서투를 수 있는 삶이 '좋은 삶'일 수 있는 가능성을 생각해 본 친구도 있을 겁니다. 특정 조건의 사람을 편리함의 기준으로 삼는 것은 누군가의 삶의 조건을 불편하게(때로는 위험하게) 만드는 것이지만, 그렇게 세세히 고민하지 않는 것이 편리하고 효율적이기 때문에 기술은 그쪽으로 뚜벅뚜벅 나아가게 되어 있어요. 그러므로 우리는 집에 좀 늦게 가더라도, 이렇게 느린 속도로 궁금해하는 것을 멈춰선 안 되는 것입니다. 천문학자 칼 세이건Carl Sagan의 말처럼 "모든 질문은 세상을 이해하려는 외침"이에요. 척척 해결해 주는 것 같은 인공지능의 세상에서 우리가 더욱 질문을 놓지 말아야 하는 이유입니다.

✦
질문이 가리키는 곳

대체로 우리는 질문을 해서 상황을 복잡하게 만들기보다 문제를 해결해서 질문을 지워 가는 것을 선호해요. 진지함보다는 즐거움을 좋아하고요. 하지만 재미없더라도 꼼꼼하고 느리게 질문하는 일을 놓아 버린다면, 방향을 모른 채 달려가야 합니다. 정보를 구하는 질문('사랑'은 아랍어로 어떻게 쓰지?)보다는 의미를 구하는 질문(사랑이란 도대체 뭘까?)을 진득하게 해야 해요. 우리는 결국 질문 속에서 발견을 하고 돌파구를 찾아내기 때문이지요.

"기계는 생각할 수 있을까?" 기계와 인간을 구별하는 방법으로 튜링 테스트(Turing test)를 제시한 1950년 논문은 바로 이 질문으로 시작합니다. 이 테스트는 기계가 생각할 수 있는지를 검증하기 위해 영국의 수학자이자 컴퓨터과학자인 앨런 튜링Alan Turing이 고안한 모델이에요. 인간인 질문자가 컴퓨터의 대답과 인간의 대답을 키보드로 들으면서 대체 어느 쪽이 컴퓨터인지 판별할 수 없다면, 그 컴퓨터는 인간처럼 사고할 수 있다고 보자는 거지요.

튜링 테스트가 등장한 지 70여 년이 지났지만 기계가 스스로 생각할 수 있는지 여부는 아직 베일에 싸여 있습니다. 그사이 튜링 테스트를 반박하는 논의가 나오기도 했어요. 미국의 분석철학자 존 설John Searle이 제안한 '중국어 방(Chinese room)' 사고실험이 대표적 예입니다. 실험은 다음과 같아요. 어느 방 안에 중국어를 모르는 사람을 집어넣고, 중국어를 변형할 수 있는 일종의 프로그램 지시가 적힌 책과 필기도구를 제공합니다. '이런 중국어 문자가 적혀 있다면 이렇게 적으라'는 일종의 매뉴얼을 주는 거죠. 이 상태에서 중국인 심사관이 중국어로 질문을 써서 방 안으로 넣는다면, 참가자는 중국어를 전혀 모르더라도 매뉴얼을 토대로 알맞은 대답을 중국어로 써서 건넬 수 있습니다. 아마 답변을 받아 든 심사관은 그 사람이 중국어를 유창하게 한다고 생각할 텐데요, 그렇다고 그가 중국어를 할 줄 안다고 말할 수 있을까요? 단순히 정해진 문자를 기계적으로 적어 내보내는 것인데도요? 이렇게 문답이 잘 이루어져도 이 사람이 정말 중국어를 알아서 대답하는 것이 아니듯, 기계가 튜링 테스트를 거치더라도 그게 지능인지 모방인지 우리는 알 수 없다는 것입니다.

이렇듯 인공지능의 행동이 그저 기계식 산출일 뿐이라는 주장도 있지만, 우리가 챗봇과의 대화에서 희로애락을 경험하는 농도가 짙어질수록 우리는 혼란스러워져요. 인간은 원래 사물과도 깊은 교감을 나누는 존재니까요. 이 혼란 가운데서 데카르트를 떠올리면 어떨까요. 의심할 여지 없이 확실한 것은 '나는, 인간은, 생각할 수 있다'는 것입니다. 이 생각하는 힘을 가지고 우리가 앞으로도 즐겁게 생각할 수 있는 세상을 만들어야 하지 않을까요?

"인공지능이 다 할 건데 우리는 뭐해요?"라는 질문을 하지 않기 위해서 우리는 생각을 하고, 철학을 하는 겁니다. AI 시대에 경쟁력 있는 인간으로 살아남아야 한다는 위협에 맞서서 "우리가 꼭 살아남아야 하는 존재가 되어야 하나요? 경쟁력이 없더라도 즐거운 삶을 살 수 있게 만들면 안 되나요?" 같은 질문을 꿋꿋이 던져야 합니다. 인간의 서투를 권리를 보호하기 위해서, 인간의 삶이 기술에 눌려 납작해지지 않도록 하기 위해서요. 기술은 책임을 지지 않습니다. 폭주할 수 있는 과학의 멱살을 잡고 책임을 고민하는 것은 우리여야 해요.

데카르트 이후로 기존의 '신' 중심의 철학은 점차 '인간의 이성'을 중심으로 하는 철학으로 대변환을 이룹니다. 그렇게 인간이 중심에 놓이는 세상으로 미래를 가꾸어 갈 수 있도록, 기술 중심의 세상에서 인간이 밀려나지 않도록, 인간이 제어권을 단단히 손에 쥘 수 있도록, 의심하고 또 의심합시다. 소크라테스도 짜증을 낼 때까지 질문해 봅시다.

AI를 무조건 믿지 마!

쫌
예리한
철학 너머의
조언

인공지능, 과연 늘 믿을 수 있을까요?

챗GPT에 "한국의 이진민 작가에 관해 알려 줘."라고 해 본 적이 있어요. 그리고 저는 목격했습니다. 이 녀석이 제 나이를 열다섯이나 더 많게 알려 주고, 제 작품이 국내외에서 다수의 문학상을 받았다면서 『무진기행』, 『안개 바다』, 『검은 숲』 등의 소설을 쓴 대한민국 문학계의 중요한 작가라고 눈도 깜짝하지 않고 거짓말을 줄줄이 늘어놓는 것을요. (저는 소설을 쓴 적이 없습니다. 국내에서 이진민이라는 이름으로 책을 낸 저자는 동명의 어느 치과원장님과 저 둘뿐이고요.) 제가 별로 유명하지 않아서 그런가 싶어 윤여정 배우로 바꿔 보았지만 여전히 틀린 부분이 자그마치 열두 군데나 되는 답변을 차르륵 늘어놓더군요. 특히 봉준호 감독의 〈기생충〉(2019)에 출연하여 아카데미 여우조연상을 받았다는 부분은 깜빡 속아 넘어 갈 뻔했어요. 윤여정 배우가 출연한 작품은 정이삭 감독의 〈미나리〉(2020)인데 말이죠. 이런 것을 '환각 현상(hallucination)'이라고 합니다. 사실과 거짓이 혼재되어 있기 때문에 그 정보가 사실이라는 착각을 불러일으키는 거죠.

비슷한 측면에서, AI가 만들어 낸 레서피나 재료 혼합법이 인간에게 유해하거나 더 나아가 아주 치명적인 해를 입힐 수 있다는 점은 의미심장합니다. 2023년 《포브스》는 한 트위터(현재 엑스) 사용자가 물과 표백제, 암모니아로 레서피를 만들어 달라고 요청했을 때 AI 레서피 생성기가 '향기로운 워터 믹스'라는 이름의 레서피를 만들어 냈는데, 실제로 인간에게 치명적인 염소 가스를 생성하는 것이었다고 보도한 적이 있어요. AI가 우리 일상에서 쉽게 구할 수 있는 재료로 그럴듯한 이름을 달고 제안하는 것들이 독성 물질을 만들어 낼 수 있다는 사실, 그리고 우리 입으로 들어올 음식을 만드는 방법에도 어쩌면 심각한 오류가 들어갈 여지가 있다는 사실. 조금 오싹하지 않나요?

인공지능이 우리에게 내놓는 것들이 늘 과학적이며 전적으로 신뢰할 수 있다고 생각하지 마세요. 의존하지 말고 항상 의심하기 바랍니다. 명심하세요. 기계에는 도덕과 죄책감이 없답니다.

WIDENING RIPPLES

호수에 돌을 던지듯 내 안에 맑은 웃음을, 알고 싶다는 마음을,

합리적인 의심을 퐁당 던져 넣고 그것이 어떻게 퍼져 나가는지

보세요. 점점 커지는 동심원처럼, 먹이 번져 가는 화선지처럼,

나의 세계가 부드럽게 확장될 것입니다.

젠더의 철학

'여자가 어쩌고 남자가 어쩌고'에 지쳤다면,
보부아르와 **장자**에게로

7월의 상담

여자로 사는 게 힘들까요,
남자로 사는 게 힘들까요?

자신의 성별에 만족하나요?

우리는 모두 딸 아니면 아들로 태어납니다. 제3의 성은 이 글에서 논외로 할게요. 그건 또다른 중요한 주제라서 여기 한데 묶기는 좀 어렵거든요. 제3의 성이 무엇인지 궁금한 친구들을 위해 한 가지만 이야기하자면, 저는 유럽 최초로 제3의 성을 공식적으로 인정한 나라에 살고 있습니다. 독일 정부는 2013년 11월부터 아이의 출생신고서 성별란을 빈칸으로 남겨 둘 수 있게 했어요. 나중에 자라나서 자신의 성을 스스로 선택할 수 있는 권리, 더 나아가서는 남녀라는 이분법적인 성별을 거부할 수 있는 선택권을 부여한 것이죠. 이 글은 여자와 남자라는 두 가지 성별을 기준으로 쓰고 있지만, 세상에는 그 이분법을 넘어서는 다양한 스펙트럼이 있다는 것을 담백한 마음으로 먼저 인지해 주었으면 합니다.

성별은 개인의 정체성 형성에 아주 큰 역할을 하지만 내 마음대로 선택하기엔 어려움이 많은 영역이에요. 태어나 보니 어느 한쪽으로 결정되어 있었을 겁니다. 대부분 그에 맞춰 자라 왔을 거고요. 우리는 '남자답게, 여자답게'(더 친숙하게는 '계집애가 조신하지 못하게…', '사내자식이 쪼잔하게…')라는 말을 참 많이 듣고 자랐습니다. 그런 말을 들었을 때 기분이 어땠는지, 그런 말들이 결국 내 생각과 행동을 바꾸었는지 궁금하군요. 그런 말들 때문에 다른 성별을 부러워한 적이 있었는지도요.

여러분은 자신의 성별에 만족하나요? 여성인 저는 현재로선 꽤 만족하는 편입니다. 일단은 세상의 그 어떤 옷도 눈치 볼 일 없이 모두 입을 수 있다는 자유 하나만으로도 꽤 편안하고 즐거워요. 저는 남성들이 한여름에 펄럭펄럭 원피스의 시원함을 누리지 못하는 것이 정말 안타깝습니다. 밖에서는 아무래도 어렵다면 집에서라도 한번 입어 보기를 강력히 추천해요.

체험과 저널리즘을 합쳐 만든 '체헐리즘' 기사로 화제를 모은 머니투데이의 남형도 기자도 치마를 입어 본 경험을 글로 남겼는데, 그야말로 신세계가 펼쳐졌다고 합니다. 시원하고 편해서 바지보다 좋았지만, 결국은 타인의 시선이 너무 불편해서 이틀을 버티고는 포기했다고 해요. "그건 잘못됐어."라고, "그 옷은 좀 이상해."라고, "그러니까 바지 입어."라고 규정짓는 사회의 암묵적 눈길을 도저히 이겨 낼 재간이 없었다고 합니다. 그러면서 복장에 관련해서 정상과 비정상을 나누는 편견이 없었다면 좋겠다고 말해요. 남자가 치마를 입는 것이 '틀린 것이 아니라 다른 것'으로 받아들여질 수 있다면, "먼 훗날 조용히 치마를 꺼내 입고, 밝은 대낮에 동네에서 플라잉 니킥을 몇 번 날리며, 하체에 강풍을 불게 해 만끽할 것"이라고요. 허용되는 영역이 넓다는 건 즐겁고 편안한 일입니다. 다시 말해서, 성별에 따라 제한받는 것이 많다면 그만큼 불편하고 힘들다는 말이기도 하죠.

그러고 보면 과연 복장으로 성별을 규정지을 수 있는지, 그건 누가 정한 건지 궁금해집니다. 남형도 기자도 어쩌면 치마는 남성에게 더 적합한 옷인지 모르겠다고 말하거든요. 바지를 입으면서 중요 부위가 상당히 억압돼 있었다고, 왼쪽으로 향할지 오른쪽으로 갈지 항상 갈팡질팡했다고요. 색깔도 마찬가지입니다. 남자는 파랑 계열을 선호하고 분홍색이 '여자색'이라며 꺼리는 경우가 많은데, 이 이분법은 1940년대에 패션 업계, 특히 아동 용품 시장에서 그렇게 마케팅하면서 굳어진 것이고 그 이전에는 오히려 반대였어요. 1920년대에는 여아가 파랑, 남아가 분홍이었습니다. 당시의 기록을 보면 분홍은 강인하고 단호한 색이라 남아에 잘 어울리고, 파랑은 섬세하고 앙증맞은 색이므로 여아에게 더 예쁘게 어울린다나요. 더 이전 시대로 가면 성별의 구분 없이 아기들은 모두 흰색을 입었고요. 그러므로 어쩌다 만들어진 마케팅 전략에 우리의 사고 역시 그렇게 굳은 셈이죠. 성별에 관한 고정관념은 이렇게 알고 보면 참 시시하고 어이없을 때가 많습니다.

어쨌든 저는 제가 여성이라는 점에 지금으로선 큰 불만이 없습니다. 남성들이 크게 부러운 것도 없고요. 매달 찾아오는 생리가 크게 반갑지는 않지만, 솔직히 매일 해야 하는 면도가 더 귀찮을 것 같아요. 몸에 달을 품고 사는 것도 꽤 아름답다고 생각하거든요.

딸들의 고난, 아들들의 고난

그런데 제가 "현재로서는 꽤 만족하는 편"이라고 쓴 것은 그렇지 못한 과거가 있었다는 말입니다. 여자인 게 싫지는 않았지만, 여자라서 억울한 점은 많았거든요. 저도 결국은 무수한 시간을 지나 제 성별과 평화롭게 화해했다는 뜻이죠. 여성으로서 받는 시선이라든가 사회적 요구에 초탈하게 되었을 뿐, 어려움이나 못마땅한 점은 계속 존재하고 있다는 얘깁니다. 각각의 성별이 대체로는 비슷할 거라고 믿어요. 남자라서 힘들고, 여자라서 속상한 점들이 분명히 있겠죠.

제가 여자라서 겪었던 어려움을 조금 말해 볼까요. 저는 딸부잣집 셋째 딸로 태어났는데요, 꼭 아들을 낳아야 했던 집에서 언니들의 뒤를 이어 눈치 없이 또 딸이 태어나자 어른들의 실망이 컸다고 해요. 그래서 저는 남동생이 태어날 때까지 다른 이름으로 불렸습니다. 이 이름으로 부르면 남동생을 본다는, 소위 '아들 낳는 이름'이 제게 붙여진 거지요. 인형 같은 외모에(그때가 리즈 시절이었고 이후 가파른 내리막을 걸었습니다. 껄껄) 제법 총명해서 주변 어른들의 사랑을 듬뿍 받으며 컸지만, 그럴수록 어른들은 "네가 아들이었으면…" 하는 바람을 제 앞에서도 종종 내비치곤 했습니다. 난 내가 여자인 게 좋은데 왜 저런 말씀을 하시는 걸까, 입을 삐죽거리곤 했죠.

딸로 태어나 살다 보면 '세상이 나를 이렇게 대한다고?' 하는 생각에 종종 억울한 마음이 드는데, 어린 마음에 가장 충격적이었던 건 한자 공부 시간이었던 것 같아요. 망령되고 간사하고 요망한 모든 글자에 '계집 녀(女)' 자가 패스워드처럼 알알이 들어 있었거든요. 간사할 간(姦) 자를 배울 때의 충격이란! 인류의 시작은 여성이었음을 드러내는 始(처음 시), 원래는 혈통이 모계 중심으로 이어졌음을 내비치는 姓(성 성), 마을의 우두머리 여성이 무기(戌, '개 술'이라는 이 한자는 원래 고대에 사용하던 창의 일종을 그린 문자입니다)를 든 모습인 威(위엄 위, 여기에 관해서는 설이 좀 갈립니다. 점령군이 무기로 여자들을 위협하는 모습이라거나, 예전에 부녀자로서의 도리를 지키지 않은 여성에게 형벌을 줌으로써 얻는 것이 위엄이었다는 뜻으로 글자를 풀이하는 의견도 있어요) 같은 글자를 보면 여성들에게도 좋은 시절이 있었던 것 같은데, 어느새 여성은 무기 대신 빗자루를 들고 비천함과 음탕함, 시기와 질투 등을 담당하게 되었습니다. 그래서인지 여성을 향한 욕은 남성과는 비교도 되지 않을 만큼 풍성하고도 정성스럽게 발달해 있지요.

어릴 적 읽은 동화나 소설 속에서도 딸들은 대체로 환영받지 못하는 존재였어요. 소유물 취급을 받는 경우도 많았고요. 제물로 바쳐지는 것도 늘 여자, 삿된 것들도 대체로 여자였지요. 특히 저는 "~를 해 오는 자에게 내 딸을 주마."라고 말하는 왕들이 무척 못마땅했습니다. 아니 주긴 뭘 줘요. (아빠, 왕이면 다야?) 『빨강 머리 앤』에서도 원래 매튜와 마릴라는 남자아이를 데려다 키우려고 했지요. 계획과는 달리 앤을 데리고 온 매튜를 보자마자 남자아이는 어딨냐고 따지는 마릴라의 모습에, 제 마음도 조금 아팠습니다. 결국 앤은 마릴라와 매튜의 사랑이자 자랑이 되지만요. 이렇게 동서양을 막론하고 딸보다 아들을 귀히 여기는 태도가 자연스럽게 스민 이야기들은 딸들을 조금씩 의기소침하게 만들었을 거예요. 게다가 이야기 속에서 남자들은 대체로 아둔한 정도에서 그치는 데 반해, 여자들은 교활하고 사악하게 묘사되는 경우가 많았습니다. 남성들은 책 속에서도 모험을 즐기고 거침없이 세상을 활보하지만 여성들은 대체로 순종하고 인내하다가 남성의 구원을 받아야만 했고요. 늘 그렇게 편견이 가득한 이야기를 읽고 자라야 했던 어린 딸들의 억울함을 아는 어린 아들들이 있었을까요.

사실 이런 것보다 더 무서운 것은 생명과 신체에 대한 위협입니다. 저는 앞서 말했듯 아래로 남동생을 둔 딸부잣집 셋째 딸인데요, 그 시절 만약 초음파로 확실히 성별을 구분할 수 있었다면 솔직히 저는 이 세상에 존재하지 않았을지도 몰라요. 딸이라는 이유로 살해당하는 일, 무척 끔찍하게 들리지만 이전 세대에는 꽤 자주 일어나는 일이었답니다. '남편 잡아먹는 여자'는 있지만 '부인 잡아먹는 남자'란 말은 없죠? 하지만 사실상 부부간에 다치고 죽는 일은 높은 확률로 그 말과는 반대 방향으로 일어나요. 부부의 연을 맺기 전에 이미 데이트 단계에서 목숨을 걸어야 하는 여성들이 얼마나 많은지도 우리는 알고 있지요. 이종격투기 임수정 선수에게 무서워하는 것을 물으니 '늦은 밤거리'라고 답하는 것을 보고 저는 마음이 착잡했습니다.

　여기저기 난발하고 있는 성추행과 성차별 문제까지 가지 않더라도, 평온해 보이는 일상에서도 여성들은 보이지 않는 차별을 많이 받고 있어요. 물건을 만들거나 공간을 지을 때도 성인 남성을 표준으로 하다 보니 여성들은 의자에 앉아도 다리가 땅에 닿지 않고, 차를 운전할 때도 앉은키가 부족하고, 때로는 거울이 너무 높은 곳에 달려 있어 이마만 보이기도 해요. 저는 미술관에 가서 작품을 볼 때 까치발을 해야만 작품이 제대로 눈에 들어오는 경험을 자주 합니다. 의약품 복용량도 건장한 성인 남성을 기준으로 하다 보니, 여성들은 대체로 약간 과다 복용을 하게 된다는 것도 썩 기분 좋은 일이 아니죠.

　딸들만 고난받는 것이 아닙니다. 아들들의 고난도 만만치 않아요. 여자아이는 오빠 옷을 물려 입어도 귀엽게 봐 주는데, 남자아이가 비즈와 레이스 범벅인 누나 옷을 물려 입으면 당장 이상한 시선이 뒤따릅니다. 마음 편히 입을 수 있는 옷의 종류에도, 할수 있는 헤어스타일에도, 제약이 참 많지요. 섬세하고 감성적인 친구들, 소위 '여성적인' 기질을 가지고 있는 소년들은 자라나면서 또래에 의해 폭력적인 사회화 과정을 견뎌야 합니다. 그뿐인가요? 국가의 명령에 복종하는 강압적 시스템 안에 청춘 남성들을 예외 없이 밀어 넣는 징병제는 대한민국 모든 아들들의 가슴속에 놓이는 돌 같은 존재일 겁니다. 장남과 종손이 받는 사회적 압력은 21세기가 된 현재에도 여전히 무시할 수 없죠. 식구를 먹여 살리는 기둥이 되어야 한다는 압박, 내가 가진 꿈과는 상관없이 특정 직업을 갖기 바라는 압력, 연로한 부모님을 모셔야 한다는 관습. 조금 옅어지기는 했어도 이 모두가 여전히 남아 있습니다. 세상은 빡빡하게도 남자가 태어나서 울 횟수까지 정해 놓았지요.

제가 여성이다 보니 남성이 받는 고난을 구체적으로 섬세하게 표현하지 못하는 한계가 있음을 이해하기 바라요. 특수한 정체성을 가진 사람이 그걸 객관화해서 바라보는 것은 꽤 어려운 일이거든요. 내가 한국 사람인데 그걸 객관화해서 다른 나라 사람을 만나 대화하는 일이 어렵듯이 말이죠. 그럼에도 불구하고 아들들의 고난은 딸들에게도 충분히 피부에 닿아 옵니다. 소녀는 제한이나 금지에 짓눌리고 소년은 요구나 기대에 짓눌리는데, 어느 쪽이든 인간의 성장에는 해롭습니다. 딸로 사느라, 아들로 사느라 다들 참 고생이 많아요.

그렇게 태어나는 것이 아니라 만들어진다

　이쯤에서 여러분에게 소개하고 싶은 철학자는 20세기 프랑스 철학자이자 작가인 시몬 드 보부아르Simone de Beauvour입니다. "여자는 그렇게 태어나는 것이 아니라 만들어진다(One is not born, but rather becomes, a woman)."라는 유명한 말을 남겼죠. 저는 여성뿐 아니라 남성도 똑같이 '만들어진다'고 생각합니다. 애초에 그런 특성을 가지고 태어나는 게 아니라, 굳어진 사회적 시선에 따라 길들여진다는 것이죠.

　제 어린 시절을 돌아보면, 저희 할아버지뻘 어른들만 해도 남자가 부엌에 들어가면 남성 신체의 중요 부위가 떨어진다는 가짜 뉴스를 유포하면서 가족 내의 성 역할을 단호하게 구분 짓곤 했습니다(아니 그럼 세상의 모든 남성 셰프들이 고자란 말입니까!). 지금은 기술과 가정이 하나의 교과목으로 통합되었지만, 1990년대 중반까지만 해도 남학생은 기술, 여학생은 가정만 배웠어요. 여자는 이런 것을 맡고 남자는 이런 것을 담당하며 자라라는 무언의 사회화 교육이었지요. 즉, 남녀라는 성별을 '사회적으로 만들어 내려는' 시도였던 겁니다. 지금은 성별의 구분 없이 요리 잘하는 사람들이 각광받고, 모든 학생이 가정도 기술도 골고루 배우는 것을 당연하게 생각하잖아요. 이렇게 조금씩 개선되고는 있지만, 주위를 둘러보면 성별 관념을 둘러싼 이런 사회적·문화적 시도는 여전히 건재합니다. 딸들도 밖에서 신나게 뛰어놀 수 있는데, 야구 글러브보다는 직접 엄마처럼 돌볼 수 있는 아기 인형을 선물한다든가, 아들들도 꾸미는 걸 좋아하고 수줍음이 많을 수 있는데 싫다는 아이를 억지로 '남자다운' 아이로 만들려고 한다든가 하는 일들, 아직도 낯설지 않죠? 저는 여러분이 나를 남자로, 혹은 여자로 만들려는 사회에 끊임없이 정당한 의문을 갖기를 바랍니다. 주디스 버틀러Judith Butler라는 현대 여성주의 철학자도 '내가 내 몸에 갇힐 수밖에 없더라도, 거기에 갇힌 채로 살아야 하는 것은 아니다'고 말하거든요. 제 경우에도 여자는 원래 그런 줄 알고 살아온 억울한 시간들이 많습니다. 그런 생각에 갇히지 않았더라면 꽤 다른 모양, 다른 색깔의 삶을 살지 않았을까 해요. 여러분의 지금 모습은 어떤가요?

시몬 드 보부아르가 1949년에 펴낸 『제2의 성』은 여성주의 이론의 선구자적 작품으로 어마어마한 영향력을 남겼습니다. 그간은 그저 사적인 것으로 여겼던 젠더와 가족 문제를 공적 문제, 정치적 문제로 공론화시키는 역할을 해냈지요. "개인적인 것이 정치적인 것이다(The personal is the political)."라는 슬로건을 들어 본 적이 있나요? 자유나 정의 같은 중요한 정치적 문제들을 제대로 다루려면, 가족 관계나 연애, 결혼 같은 개인적 문제들부터 짚어야 한다는 거예요. 알렉시 드 토크빌Alexis de Tocqueville이 1840년에 쓴 『미국의 민주주의』 2권에도 미국의 여자아이들은 남자아이들과 다를 바 없이 자유롭고 씩씩하게 자라지만, 결혼을 하면 감옥이나 수도원에 들어간 것처럼 살게 된다고 말하는 부분이 있어요. 이런 상황에서 결혼과 가족이라는 것을 그저 사적이고 개인적인 관계로만 치부하고 내버려두면서 인간다움, 자유, 정의 같은 문제들을 논하기는 어렵겠죠.

책 제목이 '제2의 성'인 이유는 기본이 되는 성은 항상 남성인 반면 여성은 늘 부차적인 성, 즉 두 번째 성으로 인식된다는 뜻입니다. 남녀, 부모, 형제자매, 아들딸, 신사 숙녀 여러분, 이렇게 두 가지 성별이 함께 묶여 쓰일 때는 약속이라도 한 것처럼 모두 남성이 앞에 나오죠? "신사 숙녀 여러분!"은 "Ladies and gentlemen!"인데도 말입니다(중대한 예외가 있으니 바로 '이 년놈들'입니다. 나쁜 쪽으로는 여성이 먼저 나오는 거죠. 눈치챈 친구들이 있는지 모르겠지만, 이 글에서는 양쪽 성별이 번갈아 앞에 나올 수 있게 노력하고 있답니다). 이것을 '여성의 타자화'라고 표현하는데, 쉽게 말하자면 이런 거예요. 남성을 언급할 때는 '인간들, 사람들' 같은 보통의 포괄적 명사를 사용하지만, 여성을 지칭할 때는 성별을 특정하는 꼬리표가 붙는 경우가 많지요? 여배우나 여류 화가처럼요. 같은 뉴스라도 남자면 헤드라인이 '제자와 부적절한 관계를 맺은 교사'지만 여자면 '제자와 부적절한 관계를 맺은 여교사'라고 특정되곤 하죠. 실제로도 남자가 이상한 짓을 하면 "그 사람 왜 그래?" 그러는데 여자가 그러면 "그 여자 왜 그래?" 하는 경우가 많잖아요. 남자는 사람인데, 여자는 그냥 여자인 것이죠. 그동안 자연스럽다고 생각했지만, 다시 보니 새삼 이상하지 않나요?

　우리의 언어 습관을 한번 돌아보세요. 남자들이 싸우면 그냥 싸움이라고 하지 '남자의 적은 남자'라고 하지 않는데 여자들의 갈등은 꼭 성별로 환원해서 '여자의 적은 여자'라는 꼬리표를 붙이길 좋아합니다. 그저 평범한 인간관계 속 갈등이 아니라, 너희의 싸움은 주로 남자와의 관계에서 성립한다는 발상이죠. 한 남성을 두고 여성들이 맞붙든, 아들을 두고 고부간에 갈등이 생기든 말이에요. 남자와 아무 관계 없는 지극히 평범한 여성간의 대결일 때도, 시기와 질투는 꼭 여성 전용 단어인 것처럼 치졸한 암투 프레임을 씌우기를 즐기고요. 또 흔히 쓰는 표현 중에 '권력의 시녀(혹은 '시녀 짓 한다'고도 하지요)'와 '효자 상품'이라는 말이 있습니다. 이상한 점을 못 느끼나요? 그렇습니다. 모욕은 여성에게, 영광은 남성에게 돌리고 있어요. 곰곰이 생각해 보면, 이렇게 우리 일상에 자연스럽게 스며들어 있는 차별적 요소가 꽤 많답니다. 저는 우리가 한쪽을 부차적인 성별, 소외된 성별로 만들지 않도록 우리의 언어 습관을 돌아보고, 조금만 더 주의를 기울여 말하면 좋겠어요. (주의할 점이 있는데, '제 2의 성'에는 여성이 뒤로 물러나 있다는 부정적인 뜻이 있지만 앞서 말한 '제3의 성'이 비슷하게 열등한 뉘앙스를 갖는 건 아닙니다. '제3의 길' 같은 표현에서처럼, 새로운 가능성을 뜻하는 것이라고 생각하면 돼요. 오해 없기 바랍니다).

성별 간의 전쟁에서 평화를 찾는 법

꼬맹이 시절에는 여자와 남자가 편을 갈라 싸우는 경우가 많았는데, 그런 유치한 싸움을 성인이 되어서도 즐기는 사람들을 봅니다. 경쟁이 아니라 마치 전쟁처럼 번져 있는 남녀 간의 이분법적 구도와 첨예한 대립을 보고 있으면 조금 걱정스럽기까지 해요.

20세기 전반에 활약한 버지니아 울프^{Virginia Woolf}라는 영국 소설가는 성별 간의 경쟁을 인생의 단계에 빗대어 말하자면 '10대들이 다니는 사립학교' 수준에 속한다고 합니다. 이 단계에서는 편을 나누고, 반드시 상대편을 무찔러야 하며, 단상에 올라 교장의 손에서 화려한 우승컵을 건네받는 일이 무엇보다 중요하다고 해요. 따라서 자기의 우월함을 자랑하고 상대에게 열등함을 덮어씌우는 미성숙한 행위를 지속하는 것이죠. 그런데 지난번 비교의 사슬에 관한 상담에서 루소를 소개하면서 말했듯이, 우월함과 열등함을 나누고 격차를 벌리려는 행위는 결국 파괴적인 악순환이 될 뿐입니다. 우리는 서로 다름으로 인해 생기는 가치가 얼마나 귀하고 중요한 것인지 알아야 해요. 애초에 인류가 성별의 구분 없이 모두 남자거나 모두 여자였다면 얼마나 재미없었겠어요?

성별의 차이를 경쟁과 전쟁으로 인식하는 사람들은 그런 인식으로 인해 결국 피해를 입는 것이 나 자신임을 깨달아야 합니다. 여성 문제는 곧 남성 문제이고, 남성 문제는 곧 여성의 문제예요. 함께 사는 사회에서 우리의 삶은 이어져 있기 때문이지요. 남성들이 누리는 특권은 결국 남성들이 받게 되는 피해의 원인임을 알아야 합니다. 여성들도 마찬가지고요. 이전 세대 남성들이 가사노동과 육아를 면제받았던 것은 특권인데, 그 특권으로 인해 결국 점차 가정에서 소외되어 외로운 말년을 보내는 아버지들을 봅니다. 이전 세대 여성들이 가정을 부양해야 한다는 압력에서 대체로 벗어나 있었던 것이 특권이었을지 모르지만, 그 이면에는 평생을 독립적으로 살아갈 기회를 얻지 못해 한스러운 삶들이 있었지요.

중국 전국 시대의 사상가 장자莊子는 이해할 수 없는 타자의 문제에 관해 놀라운 사유를 보여 주는 철학자입니다. 『장자』의 「제물론」 편에 "도행지이성(道行之而成)"이라는 말이 있어요. "길은 다녀서 만들어진다"라고도 하고 "길은 걸어가는 데서 완성된다"라고도 하는데, 애초에 도(道)라는 글자가 '길 도' 자라는 것이 의미심장합니다. 도는 원래 책이 아니라 길 위에 있는 거예요. 고정된 내용으로 책에 박혀 있는 것이 아니라, 우리가 길 위에서 만들고 이루는 것이죠. 그러므로 '도행지이성'은 "도(道)는 걸어가는 데서 이루어지는 것이다"라고 새길 수도 있겠습니다. 저는 앞서 언급한 보부아르의 말 곁에 장자의 이 말을 놓아두었을 때 생겨나는 깊이를 특히 좋아해요. 장자 할아버지는 "세상의 도라는 것은 미리 만들어져 있는 것이 아니라, 우리가 걸어가면서 서로를 만나 만들어 가는 것"이라고 말하고 있는 겁니다. 여자도 남자도 정형적으로 만들어져 있는 것이 아니므로, 함께 길을 걸어가면서 새로 만들면 그게 바로 도(道)가 될 거예요. 여기서 중요한 것은 서로 간의 소통이겠지요. 서로를 끊임없이 마주치고, 이해하려고 노력하는 일 말이에요. 길이라는 것은 대체로 혼자 내는 것이 아니고, 우리는 걸어가면서 길 위에서 수많은 사람들을 만나니까요.

"여자로 사는 게 힘들까요, 남자로 사는 게 힘들까요?"라는 첫 질문으로 다시 돌아가자면 남자로 사는 것도, 여자로 사는 것도 힘듭니다. 가르면 더 힘들어요. 모두가 행복한 인간으로 살아갈 수 있도록, 서로를 함께 살아갈 동료로 생각하고 존중해 주어야 합니다. 마지막으로 보부아르의 말을 옮겨 봅니다. 이 말의 여운이 여러분의 가슴에 길게 남았으면 좋겠습니다.

> "나는 정말 욕심이 많습니다. 나는 삶의 모든 걸 누리고
> 싶어요. 여자이고 싶고 남자이고 싶고, 친구가 많은 동시에
> 외로움을 누리고 싶고, 많이 일하고 좋은 책을 쓰고 여행을
> 하고 즐기며 지내고 싶어요. 이기적이기도, 이타적이기도
> 하고 싶어요."

남녀 이분법에서 벗어나기

꿈 시원한 철학자의 시선

'여자다운 뇌'라는 말 들어 봤나요?
그렇다면 '남자다운 간'은요?

"여자다운 생각이라는 것은 없다. 뇌는 성별로 구분되는 장기가 아니다.
여성의 간(肝)과 마찬가지로."

1860년에 태어난 미국의 여성주의 이론가이자 작가인 샬럿 퍼킨스 길먼Charlotte Perkins Gilman의 말입니다. 아주 상쾌한 깨달음을 주는 재미있는 말이죠? 여성스러운 간, 남자다운 간이 따로 없듯이 뇌도 성별로 구분되는 장기가 아니라는 점을 짚어 줍니다. "이 간은 참 여성스럽게 생겼네."라는 말은 듣기만 해도 간간한데(간간하다는 말은 '마음이 간질간질하게 재미있다'는 뜻입니다), 우리 사회는 왜 우리의 뇌가 성별에 따라 소위 '남자답고' '여자다운' 생각을 하기 바라는 것일까요? '여성스럽게' 사고하기를 바라고 '남자답게' 행동하기를 바라는 것보다는 모두가 '인간답게' 생각하고 행동하기를 바라는 사회가 되면 좋겠습니다.

'사랑'이라는 주제에 집중했던 현대 여성주의 철학자 벨 훅스를 앞서 언급했지요. 사랑이란 것은 '느낌이 아니라 행동이며, 빠지는 것이 아니라 배우는 것'이라고 한 철학자였습니다. 일종의 '수행으로서의 사랑'을 말한 것이죠. 벨 훅스는 또한 "정의(justice)가 없이는 사랑도 없다."라고 말합니다. 정의를 사랑하고 정의의 편에 선다는 것은 단순한 이분법을 따르지 않는다는 것이고, 꾸준히 질문하고 배운다는 뜻이에요.

우리에게 해리 포터의 똑 부러지고 정의로운 친구 헤르미온느로 잘 알려진 엠마 왓슨Emma Watson은 UN(국제연합) 본부에서 성평등 캠페인 동참을 촉구하며 다음과 같은 연설을 했습니다.

> "남성에게도 여성에게도 모두, 섬세하고 민감할 자유와 힘세고 강할 자유가 있어야 해요. 이제는 젠더를 양쪽으로 나뉜 상반된 것이 아니라 넓은 스펙트럼으로 볼 때입니다."

제가 좋아하는 마법사의 이 말이 마법처럼 이루어지길!

인간다움 꽃피우기

'분노의 여름'을 잠재울
아이스크림 같은 **맹자**의 말

여름의 인간들

8월. 숫자는 눈사람처럼 생겼지만 태양이 작열하는 달입니다. 우리에겐 방학이 둘 있는데, 사실 두 방학은 성질이 좀 다른 느낌이에요. 겨울에는 그냥 따끈한 방바닥에 고양이처럼 눌어붙고 싶지만, 여름에는 몸보다 마음이 먼저 신선한 바람이 부는 미지의 장소로 향하지요. 마음이 들뜨는 여름, 어디론가 떠나고 싶어지는 여름입니다. 세상 만물을 팽창시키는 여름의 열기는 소심한 우리 마음도 확장시켜 조금은 대담하게 만드는 것 같아요. 우리는 그렇게 살짝 커진 마음으로 평소의 익숙한 경계를 넘습니다. 일탈은 역시 겨울보다 여름에 어울리는 단어가 아닐까요? '나'라는 작고 익숙한 세계를 확장하고 경계를 허물어 보기에 좋은 계절, 여름이 왔습니다. 여러분도 교재나 문제집에만 코를 박지 말고 여름의 마법을 맛보기를, 그래서 '그해 여름'으로 오래오래 남을 레몬 맛 기억을 간직할 수 있기를 바라요.

하지만 여름은 자유로운 일탈이 아닌 추악한 범죄가 늘어나는 계절이기도 합니다. 경계를 허무는 것이 아니라, 넘어서는 안 될 선을 넘는 사람이 많아지는 거죠. 성폭력, 상해와 폭행, 빈집 털이, 취객을 상대로 한 절도 등이 부쩍 늘어나는 계절이 여름입니다. 높은 기온과 습도 때문에 짜증이 나기 쉽고, 그래서 살짝만 건드려도 시비가 자주 일어나기에 경찰이 가장 바쁘게 움직이는 계절이라고 해요. 프랑스의 철학자이자 작가인 알베르 카뮈Albert Camus의 소설 『이방인』(1942)에도 뜨거운 태양 빛이 너무 눈부셔 사람을 죽였다고 주장하는 주인공이 등장하잖아요. 그 뒤에 숨은 이유를 파헤치는 일은 독자의 몫이라고 해도, 그리고 아무리 소설이라고는 해도, 인간이 살인의 이유로 햇빛을 들 수 있는 존재라는 것이 놀랍습니다. 최근 우리 사회에는 소위 '묻지마 폭행', '묻지마 살인' 같은 무차별적 범행도 늘어나고 있어요. 세상이 지옥으로 변하는 모습을 보면 지옥 같은 더위 속에서도 마음이 서늘합니다. 믿을 수 없는 뉴스가 너무 많아서, 뉴스를 한번 훑고 나면 저는 가끔 심리 치료나 세러피를 받고 싶을 정도예요.

　인간이란 이렇게 더위 하나를 못 참아서 서로 주먹질을 해 대는 형편없는 존재일까요? 우리 마음속에는 사랑과 배려 대신 짜증과 이기심이 가득한 걸까요? 세상은 재미있고 아름다운 것 같지만, 내 한 목숨 부지하기 어려운 정글로 느껴질 때도 참 많습니다. 인간들은 선한 것 같다가도 아주 악한 것 같고요. 흉악범이나 사이코패스에 관한 이야기를 듣다 보면 내가 지금껏 목숨을 부지하며 무사히 살아 있는 게 기적 같기도 합니다. 저 같은 어른도 가끔은 세상 살기 무서울 때가 있어요. 세상을 무서운 곳으로 만드는 것은 누가 뭐래도 인간들이죠. 인간은 역시 천사보다는 악마 쪽에 가까운 걸까요?

✦
인간 본성이 선하다고요?

철학자 중에는 인간의 본성을 깊이 사유한 사람이 많습니다. 인간을 선한 존재로 생각한 사람도, 인간은 믿을 수 없는 존재라고 생각한 사람도 있지요. 특히 피바람 부는 살육과 전쟁의 시대에는 평화와 안정을 위해 꼭 인간이 도덕적일 필요는 없다는 철학자들이 생겨나는 편입니다. 동양에서는 중국 전국 시대의 한비자韓非子가, 서양에서는 르네상스 시대 이탈리아의 니콜로 마키아벨리Niccolò Machiavelli와 17세기 영국의 토머스 홉스가 대표적이죠. 그런데 처참한 전쟁의 시대에 오히려 정치는 도덕과 멀어져서는 안 되며 인간의 마음은 본래 선한 것이라고, '인간은 공감과 사랑의 존재'라고 외친 철학자가 있답니다. 바로 공자 사후 약 100년 뒤에 태어난 사상가 맹자孟子예요. 저는 불쾌지수가 높아지는 여름에는 시원한 아이스크림 먹듯 맹자 할아버지의 이야기를 맛보기를 추천합니다. 우리의 짜증과 불안을 누그러뜨리는 아주 명랑하고 기개 있는 할아버지거든요.

여러분은 아마 '측은지심(惻隱之心)'이라는 말을 들어 보았을 거예요. 말 그대로 측은하게 여기는 마음입니다. 남의 불행을 나의 불행처럼 느끼는 마음이자 남의 불행을 차마 무심하게 넘기지 못하는 마음, 즉 불인지심(不忍之心)이지요. 맹자는 사람 마음속에 선한 본성이 있다고 생각했어요. 우물에 빠지려는 어린아이를 보면 누구나 몸을 날려 아이를 구할 것이라고요. 오늘날로 치자면 차가 쌩쌩 다니는 도로 쪽으로 아장아장 걸음을 떼는 아기를 보면 누구나 화들짝 놀라 아기를 막아설 것이라는 말입니다. 맹자는 이런 행동이 아이의 부모와 친분을 맺기 위해서도, 마을 사람들로부터 어린아이를 구했다는 칭찬을 듣기 위해서도 아니라고 했어요. 사람이라면 누구나 갖는 즉각적인 마음, 공감의 마음이라고 했지요. "惻隱之心仁之端也(측은지심 인지단야)." 맹자는 이렇게 다른 사람의 불행을 측은히 여기는 마음을 인(仁)의 근본이라고 했습니다. 『맹자』의 일부분을 읽어 볼까요.

타고난 바탕을 따른다면 선하게 될 수 있으니, 이것이 내가 말하는 본성이 선하다는 의미이다. 선하지 않게 되는 것은 타고난 재질의 잘못이 아니다. 측은하게 여기는 마음[측은지심(惻隱之心)]은 사람이라면 누구나 가지고 있고, 의롭지 못함을 부끄러워하는

마음[수오지심(羞惡之心)]은 사람이라면 누구나 가지고 있고,

공경하는 마음[공경지심(恭敬之心), 혹은 사양지심(辭讓之心,

겸손하여 사양할 줄 아는 마음)으로 제시되기도 함]은 사람이라면

누구나 가지고 있고, 옳고 그름을 판단할 줄 아는

마음[시비지심(是非之心)]은 사람이라면 누구나 가지고 있다.

측은하게 여기는 마음은 인(仁), 부끄럽게 여기는 마음은

의(義), 공경하는 마음은 예(禮), 옳고 그름을 판단하는

마음은 지(智)이다.

—『맹자』, 「고자 상(上)」, 제6장 중에서

　

'인의예지(仁義禮智)'를 아는 사람이라면 「고자 상」이라는 편명 (챕터 이름 같은 것으로 이해하면 돼요)에 웃어서는 안 됩니다. 고자告子 는 맹자와 함께 인간 본성에 관해 논쟁한 사상가예요. 인간 본성 에는 선악의 구분이 없다고 주장한 철학자죠(그러므로 혹자는 '없다' 라는 말로 고자의 사상을 기억하기도 합니다. 흠흠). 인간은 선하지도 악 하지도 않은 존재라는 고자에 맞서, 맹자는 우리의 본바탕은 선하 다며 사단(四端), 즉 선(善)을 싹 틔우는 네 가지 실마리를 언급합니 다. 맹자에 따르면 사람은 누구나 측은지심, 수오지심, 사양지심, 시비지심을 가지고 있다고 해요. 우리는 태어나면서부터 모두 이 렇게 4종 선물 세트를 받아 가지고 태어난다는 것을 기억하세요, 여러분. 냅다 집어던지지 말고 고맙게 잘 사용해야 합니다.

사단은 각각 인의예지라는 네 개의 덕으로 발전하는데, 이 넷이 고르게 피어난 사람이 바로 유가의 이상적 인간형인 군자(君子)예요. 공격력과 수비력, 체력, 주력을 모두 갖춘 축구 선수와 비슷한 거죠. 그런데 아무리 공격력이 챔피언스리그 MVP급으로 좋더라도 저질 체력으로 5분밖에 뛰지 못한다면 시합에 나가기 어려우니까 가장 중요한 것은 체력이겠죠? 이렇게 축구 선수의 체력처럼, 맹자의 사단 가운데서도 가장 중요한 것이 측은지심입니다. 옳고 그름을 판단하는 일도 중요하지만 그보다 더 중요한 것은 타인과 함께하는 마음이고, 그 일을 가능하게 하는 것이 측은지심이란 말이지요. 즉, 인간다움의 기본은 공감과 사랑입니다. 똑똑한 사람보다는 공감할 줄 아는 사람이 더 인간다운 인간이라는 점을 여러분이 꼭 기억하면 좋겠어요.

그런데 모두의 마음속에 측은지심이 들었다면 도대체 세상은 왜 이 모양일까요? 세상에는 왜 자신의 이익을 위해 남의 사정은 아랑곳하지 않는 사람, 함부로 주먹과 흉기를 휘둘러 타인을 해하는 사람, 타인의 고통 앞에서도 눈 하나 깜빡하지 않는 사람들이 있는 걸까요? 인간 본성은 선하므로 우물에 빠지려는 어린아이를 보면 누구나 몸을 날려 아이를 구하려 할 것이라는 맹자의 말은 틀린 말일까요?

사랑은 배우고 가꾸는 것

『맹자』라는 책 속에는 선과 대비되는 '악'이라는 개념이 등장하지 않아요. 그 대신 맹자는 선함이 아닌 상태라는 뜻의 '불선(不善)'이라는 말을 씁니다. 선의 반대를 쉽게 악으로 규정하지 않는 거죠. 맹자에 따르면 선한 본성은 타고나는데, 우리가 소나 돼지를 잃고 휴대폰을 잃어버리듯이(제길) 그 마음을 잃어버리는 사람들이 있다고 해요. 선함이 유실된 상태라고 할까요. 그러니까 나쁜 사람은 악마 같은 놈이 아니라 선함을 분실한 사람인 겁니다. 이런 분실물이라면 꼭 주인을 찾아 돌려주고 싶군요.

그럼 불선은 왜 발생하는 걸까요? 앞서 설명한 '사단'이라는 개념에 힌트가 있어요. '측은지심 인지단야'에서 '단(端)'이라는 글자에는 여러 의미가 있는데, '양 끝단'에서처럼 어떤 일의 처음과 끝을 뜻하기도 하고 근본, 실마리, 작은 새싹 같은 것을 의미하기도 합니다. '단'이라는 글자는 원래 식물이 뿌리나 새싹을 내는 모습을 본떠 만든 것이라고 해요. 실제로 맹자는 인간 도덕성의 성장과 성숙을 식물이 커 가는 생장 과정에 자주 비유합니다.

실마리가 보이나요? 맹자의 말은 사람이라면 누구나 선한 마음을 지녔지만, 그것은 씨앗이나 새싹처럼 작은 알맹이나 실뿌리에 불과하다는 뜻입니다. 겨우 실뿌리가 난 씨앗은 말라 죽기 쉽죠. 그러니 이렇게 아주 작은 가능성의 상태로 우리에게 주어진 본성에 햇빛과 물을 주어 잘 키워야 하는 것입니다. 그래서 환경이, 교육이, 사회가 중요하답니다. 맹자 엄마가 자꾸 이사하며 맹자를 세 번이나 전학시킨 이유가 여기에 있어요. 인간이 선할 수 있는 근거가 인간 안에 있다며 성선설을 주장하는 맹자가 외부 환경과 교육의 중요성을 일컫는 '맹모삼천지교(孟母三遷之敎)'의 주인공이라는 점은 언뜻 모순되어 보이지만, 이 '단'이라는 글자의 의미를 알게 되면 논리가 자연스럽게 이어지죠.

정리하자면, 인간은 공감과 사랑의 존재이지만 그 공감과 사랑은 꾸준한 자극을 주어 가꾸고 다듬어야 자란다고 맹자는 생각했습니다. 즉 사랑은 배워야 하는 것이고, 우리는 사랑 받기 위해 태어난 사람들인 거죠(어디선가 자동 재생 되는 멜로디…). 타고난 본성을 잃어버리거나 마비시키지 않는 일, 예민하게 반응하는 좋은 안테나처럼 선한 본성을 잘 키우는 일. 이를 위해서는 사랑의 마음을 수시로 자극하는 환경에서 자라는 것이 필요합니다. 가장 좋은 자극은 사랑을 듬뿍 받는 거예요. 그렇다면 사랑을 받기에 가장 적절한 장소는 과연 어디일까요?

그렇죠. 바로 가정입니다. 맹자는 부모 자식 간의 사랑을 인류의 모든 사랑과 연대의 원천으로 보았어요. 사랑으로 충만한 가족 관계가 측은지심을 키우는 꽃밭인 셈이죠. 나에게 베풀어진 측은지심으로 내가 자라고, 그렇게 자란 내가 또다시 타인에게 측은지심을 베풀게 되는 겁니다. 측은지심을 기를 기회를 갖지 못하고 자라 그 싹이 말라 버린 사람은 인간다움이 풍성하게 피어날 기회를 얻지 못한 안타까운 존재가 되겠죠. 여러분이 측은지심을 촉촉하게 머금은 공감의 존재가 된 것은 기본적으로 엄마 아빠, 혹은 그에 준하는 어른들이 여러분이 가진 싹을 잘 보살펴 주었기 때문일 거예요. 꼭 가정이 아니더라도 촉촉한 사랑을 준 곳이라면 그곳이 바로 1급수가 샘솟는 우물이에요. 그렇게 사랑을 배웠을 겁니다. 그러니 무럭무럭 자라서 잎도 꽃도 잘 내어 그 사랑을 또 주변에 나눠 주면 참 좋겠지요. 그런 기회를 얻지 못한 싹들을 보살피는 일은 꼭 가족 관계가 아니더라도 우정과 사랑의 이름으로도 충분히 가능하니까요.

✦

인간은 공감과 사랑의 존재

앞서 제가 아이스크림 먹듯 맹자 이야기를 들어 보길 추천한다고 했는데, 그 말이 과하지 않을 만큼 맹자 할아버지의 말은 시원하면서도 달콤합니다. 인간을 인간이게 하는 요소는 지능이나 똑똑함 같은 게 아니라 타인의 감정에 공감하고 다른 이들을 염려하는 능력이라는 것. 우리는 권위나 불안, 고통, 이익 등에 의해 움직이기도 하지만, 사실 나는 그것을 넘어서는 가치를 내 안에 품은 멋진 존재라는 것. 우리가 비록 완전하지는 않으나 마음만 먹으면 얼마든지 본바탕을 피어나게 만들어 선해질 수 있다는 것. 그러니 완전히 선하지는 않더라도 우리의 선함을 한번 믿어 보라는 말.

제가 특히 좋아하는 부분은 사람을 향한 마음도 쓰면 쓸수록 커진다는 거예요. 사랑도 하면 할수록 커진다고 말하는 달콤함이 『맹자』 안에 있는 것이죠. 사랑에는 탕진이라는 개념이 없는지도 몰라요. 다 줘 버리고 내게는 아무것도 남지 않았다는 느낌이 들 때마저, 내가 보낸 사랑은 나를 키웠고 세상 어딘가에서 또 다른 사랑을 불러 모을 겁니다. 비록 뜨거운 태양열에 녹아 버리는 아이스크림일지라도 더운 여름에 그 시원함과 달콤함이 큰 위안이 되듯, 미쳐 돌아가는 세상 속에서도 사람의 선한 본성에 대한 확신을 가졌던 맹자를 읽으면 잠시나마 마음속에 한 줄기 바람이 불어요.

학교도 세상도 나라도 삼위일체로 마음에 안 들 때, 세상이 수학 문제집 같아서 개념은 없고 문제만 많다고 느낄 때, 그래도 희망을 발견하는 이유 역시 사람입니다. 연약한 아이들의 뺨을 때리고 토한 음식을 다시 먹였다는 어린이집 교사의 뉴스가 우리 마음을 한없이 괴롭히지만, 길거리에서 홀딱 벗고 있는 아이에게 점퍼를 입혀 준 한 오토바이 운전사의 뉴스가 또 우리 마음에 따뜻한 불을 켜요. 소설가 정세랑이 인터뷰에서 한 표현을 빌리자면

"선로에서 사람을 밀어 버리는 것도 사람인데, 그 떨어진 사람을 구하는 것도 사람인 거예요." 그의 소설『피프티 피플』(2016) 안에는 다음과 같은 구절이 있습니다. "가장 경멸하는 것도 사람, 가장 사랑하는 것도 사람. 그 괴리 안에서 평생 살아갈 것이다." 측은지심의 사회를 만드는 것도 사람, 분노와 혐오의 사회를 만드는 것도 사람이에요. 완전히 선하지는 않더라도 우리는 우리 안의 선함에 기대어 살 수밖에 없습니다.

올 여름의 할 일

인간은 공감과 사랑의 존재지만, 그 공감과 사랑은 꾸준한 자극을 주어 가꾸고 다듬어야 자란다고 했지요? 거저 주어지는 건 아니기에 노력이 필요한 부분이라고요. 시원한 물이 샘솟는 수원(水源)은 하늘이 줬어도, 그곳까지 열심히 파고들어 가는 일은 결국 우리 몫인 것처럼요. 찰랑거리는 공감과 사랑의 샘을 위해서는 단단한 땅을 부단히 파는 노력이 필요한 겁니다. 그것이 흔히 말하는 '삽질'이라 해도요.

그런 노력을 조용히 권하는 시의 한 구절을 전하고 싶어요. 맹자가 말한 측은지심과 불인지심, 남의 고통과 불행을 측은히 여기고 외면하지 못하는 마음이 예쁘게 자라고 있는 친구들이라면 분

명 김경인 시인의 「여름의 할 일」(『일부러 틀리게 진심으로』, 2020)이
라는 시의 다음 구절이 눈에 들어올 거예요.

> 올여름의 할 일은
> 모르는 사람의 그늘을 읽는 일

　맹자는 인간 본성이 선하다는 것에서 한발 더 나아가, 행복한
삶을 위해서는 타인과 연결되어 공동체적으로 살아야 한다고 말
했어요. 맹자가 오륜(五倫) 등을 언급하며 인간들이 맺는 다양한
관계에 주목한 이유가 여기 있지요. 그동안 친구나 가족, 친척 등
아는 사람의 그늘을 읽는 일을 배우고 연습해 왔다면, 올 여름에
는 모르는 사람의 그늘을 읽어 보는 것은 어떨까요? 여름의 팽창
감이 이렇게 관계의 팽창으로 이어진다면 맹자 할아버지가 분명
호연지기의 호탕함으로 크게 웃어 주실 것 같네요.
　마지막으로 영국 소설가 조지 엘리엇George Eliot(본명은 메리 앤 에
번스Mary Anne Evans입니다. 여성에 대한 차별적인 시선 때문에 영희가 철수
이름으로 책을 낸 거랄까요)이 쓴 소설 『미들마치』(1871~1872)의 마지
막 두 문장도 옮겨 둡니다.

> 이 세상에 선(善)이 늘어나는 것은 역사가 기록하지 않는
> 이름 없는 행동들 덕분이기도 하다. 우리 삶이 충분히 더

나쁠 수도 있었지만 그렇지 않은 까닭의 절반 정도는,
조용하고 성실히 자신의 삶을 살다가 지금은 찾는 이 없는
무덤에 잠들어 있는 많은 사람들 덕분이다.

이름을 크게 남기지 않아도 그저 착하고 부지런하게 살아가는 사람들 덕분에 세상은 이렇게 움직여 왔다는 사실. 이것이 제게는 한여름에 마시는 맑고 시원한 녹차 같은 느낌으로 다가옵니다. 이번 여름은 모르는 사람의 그늘을 읽는 일로 모두 조용히 바빠지기를 바라 볼게요. 완전히 선하지는 않더라도, 그 선이 모이면 우리는 꽤 괜찮은 세상에서 살 수 있을 거예요.

벌레 충(蟲)을 즐겨 쓰는 이들에게

쫌 통쾌한 철학자의 말

급식충, 맘충, 설명충, 진지충... 한반도에 새로운 곤충이 너무 많이 생겨났습니다. 이 신종 '사람 벌레'에 관해서, 칸트는 뭐라고 할까요?

앞서 시계 같은 삶의 표본으로 한 번 언급한 적 있는 칸트는 『도덕 형이상학』(1797)에 다음과 같은 말을 남깁니다.

만약 인간이 스스로를 벌레로 만든다면, 짓밟혔을 때 불평을 해서는
안 된다.

오늘날 우리가 가지고 있는 인간 존엄성에 관한 믿음은 여러 사상가에게 빚지고 있는데, 칸트도 그중 하나입니다. 인간이 존엄하다는 것은, 모든 인간은 침해할 수 없는 절대적이고 동등한 가치를 지닌다는 말이죠. 그런데 칸트는 '스스로를 가치 없는 벌레 같은 인간으로 여긴다면 다른 사람이 나를 형편없이 대할 때 항의할 수 없다'고 합니다. 마치 벌레를 대하듯이 다른 사람들도 나를 무시하거나 짓밟을 수 있다고요. 그럼 벌레 같은 사람은 짓밟아도 되는 걸까요? 그런 사람의 인권은 침해당해도 마땅한 것일까요? 자신이 옹호하는 인간 존엄성에 반하는 것 같은 칸트의 이 말은 대체 무슨 의미일까요?

이 말은 오히려 스스로를 벌레같이 여기지 말 것을 당부하는 말로 해석해야 합니다. 스스로의 능력을 지속적으로 얕잡아 보거나 자신의 가치를 의심하면, 다른 사람들도 무심코 나를 형편없이 대할 수 있게끔 초대장을 보내는 것과 같다는 거죠. 스스로가 귀한 이성적 존재로서 자신의 가치를 인식하고, 인간답게 당당히 서라는 말입니다. 더 중요하게는 이 세상에서 어떻게 대우받을지, 인간에게는 그 방식을 스스로 만들 힘이 있다는 것을 의미합니다. 좋은 사람, 강인하고 자신감 있는 사람으로 살기를 선택하면 다른 사람에게 부당한 대우를 받을 가능성이 줄어들지요.

종합하자면 칸트도 맹자도 인간은 기본적으로 벌레가 아니고, 안에 별과 같은 보석이 든 존재라고 말하고 있는 셈이에요. 우리는 벌레라는 이름으로 스스로의 가치를 떨어뜨려서도, 남의 가치를 떨어뜨려서도 안 됩니다. 인간의 존엄성이라는 것은 그렇게 스스로가 지키고, 서로가 지켜 주는 것이니까요. (그리고 벌레는 무슨 죄랍니까, 세상에 고맙고 귀한 벌레가 얼마나 많은데요!)

정의와
불의

정의롭게 사는 게 부담된다면,
슈클라 삼총사에게 털어놓으세요

9월의 상담

정의롭게 살다가 먼저 죽을 것 같아요.
꼭 정의롭게 살아야 할까요?

정의로운 인간, 못 해 먹겠다

세상에는 온갖 몹쓸 종류의 범죄가 있지만 개인적으로 가장 열받는 것은 타인의 선의를 이용하는 범죄입니다. 어린이를 유괴하는 데 흔히 쓰이는 수법이 바로 아이들의 순수한 마음을 교묘히 이용하는 거라고 해요. 짐이 너무 무거운데 좀 도와 달라든지, 저쪽에 강아지가 다친 것 같은데 어른은 무서워하는 것 같으니 너희가 좀 도와주면 좋겠다든지. 이런 부탁을 받으면 학교에서 남을 도와야 한다고 배운 말랑한 아이들은 곱고 정의로운 얼굴을 하고 따라간다는 거죠. 생각만 해도 마음이 툭 내려앉습니다. 아이들만큼은 온 세상이 지켜 주면 좋을 텐데요. 이제 막 세상에 도착해서 기대감으로 가득 차 있는 작은 존재들에게, 너희의 예쁜 마음을 이용해 나쁜 짓을 하는 사람들이 있다고 알리는 건 참 괴로운 일입니다.

'물에 빠진 사람 구해 주니 보따리 내놓으라 한다'는 속담이 있는 걸 보면, 타인의 선의를 무색하게 만드는 전통은 예로부터 참으로 유구한가 봅니다. 요즘은 지갑을 주워 주면 그 안에 돈이 더 많이 들어 있었다며 난리를 피우는 사람들이 있다고 하죠? (아니 방금 내 눈앞에서 떨어뜨렸잖아요! 마술사세요?) 주인을 찾아 주려는 마음으로 주워 들었지만 결국 지갑을 훔친 절도범으로 몰리는 경우도 있다고 하고요. 그래서 지갑을 발견하면 그대로 둔 채 관리자나 경찰을 부르는 것이 좋다고 합니다. 원 참, 착한 일 하기도 너무 힘든 세상이에요.

이렇게 선의 때문에 곤란을 당하는 일이 생기다 보니, 타인의 일에 함부로 나서지 말라고들 합니다. 사실 그렇게 나섰다가 일을 더 어렵게 만들기도 하죠. 최근 저는 한국에 이주해 온 분들이 차별받지 않고 단단히 의사 표현을 하실 수 있게 온라인으로 한국어를 가르쳐 드리는 자원봉사를 하고 싶다고 생각했다가, 그런 느슨한 선의가 오히려 열악한 근무 조건에서 고생하는 한국어 강사들을 더 힘들게 한다는 걸 깨달았습니다. 나의 선의가 아름답게 빛을 발하기 위해서는 그 선의가 놓일 세상에 대한 이해와 부단한 노력이 필요할 거예요.

하지만 요즘은 앞뒤 잴 것 없이 누구나 옳다고 믿는 일, 이를테면 타인의 생명과 신체에 닥친 위험이나 위협을 물리치는 일에도 과도하게 눈치를 보고 주저하게 됩니다. 나의 선의가 타인뿐 아니라 나 자신에게 손해나 피해로 돌아오는 상황, 생각만 해도 슬프고 속상하지요. 곤경에 빠진 친구를 도우려다 같이 두들겨 맞고,

따돌림받는 친구를 감싸려다 나도 따돌림을 받고. 이불 밖은 다 위험하니 그냥 납작 엎어져 있어야 하나 싶기도 합니다. 정의롭게 살다가 먼저 죽을 것 같은데, 꼭 정의롭게 살아야 할까요?

✦✦
분노의 꼬리잡기

이런 상황에서 마루야마 마사오丸山眞男라는 현대 일본 사상가의 이야기를 들어 보면 어떨까요. 그는 일본을 제2차 세계대전으로 몰고 갔던 군국주의가 어떻게 작동하고 어떤 폐해를 남겼는지 진단하고 반성한 인물입니다. 「초국가주의의 논리와 심리」(1946)라는 글에서 그는 "억압의 이양(移讓)에 의한 정신적 균형의 유지"라는 현상을 설명해요. 그의 글을 인용하자면 "위로부터의 억압이 아래쪽을 향해 순차적으로 이양되어 감으로써 전체의 균형이 유지되는 체계"를 말합니다. 쉽게 말하자면 만석꾼 김 씨의 자랑질에 배알이 꼴린 천석꾼 박가가 별다른 이유도 없이 마름인 염 서방을 호되게 질책하고, 염 서방은 소작농인 톰과 제리를(외국인 노동자입니다) 잡아 족치고, 결국 억울하게 당한 제리는 지나가던 바둑이를 걷어차며 스트레스를 해소한다는 말이에요(바둑아, 물어!). 예능 프로그램에서 가끔 보는 폭탄 돌리기 게임 같은 거죠. 마루야마 마사오는 메이지유신 직후에 타올랐던 정한론(征韓論),

즉 한국을 정벌하자는 주장도 동일한 맥락에서 바라봅니다. 열강의 중압감이 피부로 느껴지자, 서구 열강들에 맞았던 뺨을 어루만지던 일본이 동방의 이웃들을 향해 공격 자세를 취했다는 거예요. 그는 「초국가주의의 논리와 심리」에서 이렇게 말합니다.

> 압박을 이양해야 할 곳을 갖지 못한 대중들이 일단
> 우월적 지위에 서게 될 때, 자신에게 가해지고 있던 모든
> 중압으로부터 일거에 해방되려고 하는 폭발적인 충동에
> 쫓기게 된다.

결국 대중들은 억압과 불만을 해소하기 위해 새로운 희생양을 찾아 나서는 거죠. 억압받던 이들이 그 억압을 또 다른 대상으로 떠넘기려는 심리가 작용하는 겁니다. 마루야마 마사오는 끊임없이 이어지는 억압의 고리를 이렇게 꼬집습니다.

> 앞에서의 치욕은 뒤쪽의 유쾌함에 의하여 보상받기 때문에
> 불만족을 평균하여 (…) 마치 서쪽 이웃에서 빌린 돈을
> 동쪽 이웃에게 독촉하는 것과도 같다.

마루야마 마사오는 이 억압의 이양 원리가 국제적으로 연장되었던 모습에도 주목해요. 제2차 세계대전 중에 "자국 내에서는 비

루한 인민이며 영내에서는 이등병이지만, 일단 바깥에 나가게 되면 황군으로서의 우월적 지위에 섰던 일본의 말단 사병들이 중국이나 필리핀에서 보였던 포악한 행동거지"가 바로 이런 현상이라는 것입니다. 오늘날의 예를 든다면 국내에서는 평소에 우쭐할 기회가 없었던 갑질 꿈나무들이 약소국으로 해외여행을 가서 그곳 사람들을 깔보며 온갖 진상 짓을 일삼는 경우를 생각하면 비슷할 거예요. 사다리의 아래로 내려갈수록 더욱 원초적인 만행을 저지르고 행동거지가 포악해진다는 점도 주목할 만합니다. 압력이 쌓이다 보면 아래쪽으로 갈수록 더 강한 힘으로 눌리게 되고, 그래서 밑으로 갈수록 분노의 농도도 짙어지고 더 잔인해지는 거죠.

이 "억압의 이양에 의한 정신적 균형의 유지"라는 슬프고도 기괴한 현상을 저는 우리 사회에서 그대로 목격합니다. 약자를 향한 폭력, 외국인 노동자에 대한 차별과 혐오, 아동 학대. 지나가던 떠돌이 개처럼 연약하고 힘없는 사람들이 그 더러운 감정의 배출구가 되어 봉변을 당하는 것이 아닐까요. 혐오와 분노로 가득 찬 사회에서 결국 희생양이 되는 것은 약자들입니다. 어린아이와 학생, 미성년자들에게 세상이 잔인해지는 이유는 아마 여기에 있을 거예요.

이 '억압의 이양'이라는 사슬에서, 시작점은 반드시 불의가 아닐 수도 있지만 분노가 아래로 가해지는 그 모든 과정이 불의의 성격을 띱니다. 당한 사람은 억울하고 괴롭죠. 분노가 꼬리잡기처럼 이어지는 이 과정에서 분노는 독기를 내뿜으며 불의와 함께 돌고 돕니다. 이런 사회의 역설은, 내가 내뱉은 분노가 어디론가 시원하게 사라지는 게 아니라 나 역시 그 탁하고 서슬 퍼런 공기 속에서 함께 숨 쉬며 살게 된다는 점이에요. 즉, 사회의 일원인 나 자신도 결국 그 돌고 도는 분노를 마주할 확률이 높습니다. 이 세상에 내 일이 아닌 일은 없고, 불의와 혐오는 방치하면 언젠가 나에게 돌아오거든요. 제리가 걷어찬 바둑이는 깽깽거리며 울부짖어 결국 만석꾼 김 씨의 단잠을 깨울 수 있다는 사실을 기억해야 합니다. 김 부장님이 만만한 누군가에게 자신의 더러운 감정을 떠넘겼다면, 그건 돌고 돌아 세상의 약자인 부장님 외동딸에게 돌아올 수도 있는 법이죠. 불의를 방치하면 나 역시 의롭지 못한 사회에서 힘들게 살아야 하고, 혐오를 방치하면 결국 혐오가 만연한 사회에서 나도 상처받으며 살아야 합니다. 그런 곳에서 살고 싶은가요?

✦✦

아무도 남아 있지 않았다

독일 루터파 목사이자 신학자인 마르틴 니묄러Martin Niemöller의 「처음 그들이 왔을 때」(1946)라는 글이 있습니다. 원래는 설교의 일부였는데, 다양하게 변형되어 인용되고 있어요. 니묄러는 원래

반(反)공산주의자였고 처음에는 아돌프 히틀러의 집권을 지지했던 인물입니다. 그러다가 히틀러가 종교에 대한 국가의 우위를 주장하는 것을 보고 환멸을 느껴, 나치에 반대하는 독일 성직자 그룹의 지도자가 되죠. 체포되어 투옥되었다가 연합군에 의해 석방된 그는 전후 독일 국민을 위한 참회와 화해의 주역으로 활동합니다. 다양한 종류의 인용문이 있지만 국내에 널리 알려진 시 형식의 글을 소개할게요.

처음에 나치는 공산당원을 찾아왔다.
그때 나는 침묵했다. 나는 공산당원이 아니었으므로.
다음에 나치는 사회주의자들을 덮쳤다.
그때 나는 침묵했다. 나는 사회주의자가 아니었으므로.
그다음에 나치는 노동조합원을 잡아갔다.
그때 나는 침묵했다. 나는 노동조합원이 아니었으므로.
어느 날 나치는 유대인들을 끌고 갔다.
그때 나는 침묵했다. 나는 유대인이 아니었으므로.
그리고 나치는 가톨릭 신자들에게 다가왔다.
그때 나는 침묵했다. 나는 가톨릭 신자가 아니었으므로.
마침내 나치가 나에게 찾아왔을 때 나를 위해 나서 줄
사람은 아무도 남아 있지 않았다.

불의가 자행되는 것을 보고도 나와는 상관없는 일이라며 아무런 행동도 하지 않는 사람들, 정의롭게 살다가 먼저 죽을 것 같아서 눈알을 굴리며 침묵하려는 사람들에게 깨달음을 주는 이야기입니다. 의(義)라는 덕목이 중요한 것은, 우리가 서로 관계를 맺으며 함께 살아가는 사회적 동물이기 때문이에요.

20세기 독일의 실존주의를 대표하는 철학자 마르틴 하이데거Martin Heidegger가 말하듯 우리는 모두 세상에 "내던져진 존재"들입니다. 전적으로 무력하게 내던져진 채 생을 시작하고, 그 길에서 수많은 고난과 위협에 맞서야 하지요. 스스로 선택해서 이 세상에 온 사람은 아무도 없고, 태어나 보니 이 세상에 던져져 있었어요. 그렇지만 그렇게 던져져서 인생을 사는 과정에서 우리는 주체적으로 나 자신을 어딘가로 내던지기도 하고, 타인을 특정한 상황에 내던지기도 해요. 이렇게 인간 각자는 무력하게 세상에 "내던져진 존재"인 동시에, 나의 의지로 나 자신과 타인을 또다시 "내던지는 존재"가 되기도 합니다. 그렇기 때문에 나 자신을, 또 타인을 어디로 어떻게 던지느냐가 중요합니다.

사실 하이데거가 정의를 강조하려고 이런 주장을 펴는 것은 아니지만, 저는 이 부분을 각자가 가진 선의와 용기로 서로를 보살펴야 한다는 결론으로 이어 보고 싶어요. 아무런 보호 장치 없이 세상에 내던져진 존재들이 서로를 살피고 지켜야 한다는 중대한 이유로요. 먼저 구른 이들이 내 뒤에 구르는 사람이 다치지 않도록 푹신한 매트리스를 깔아 준다면 우리는 덜 다칠 수 있을 테니까요. 서로를 위해 나서 줄 사람이 아무도 없는 사회로 갈 것인지, 혹은 용기 있게 나서서 목소리를 내고 어깨를 빌려줄 사람들로 이루어진 사회로 갈 것인지, 결국 우리가 이 세상에서 데굴데굴 구르며 만들어 가는 겁니다.

✦✦
정의를 위해서는 불의에 주목하라

이야기를 듣다 보니 정의로운 세상에서 살고 싶다는 생각이 들긴 하는데 사실 뭘 어떻게 해야 할지 모르겠다고요? 세상에는 정의(justice)에 관한 다양한 정의(definition)들이 있습니다. 정의로운 사회를 만들기 위한 제안이며 주장들도 많죠. 그중 특히 여러분에게 소개하고 싶은 것은 하버드대학에서 정치철학을 가르쳤던 주디스 슈클라Judith Shklar의 '정의를 위해서는 불의에 주목하라'는 주장입니다.

우리는 흔히 '정의의 반대가 곧 불의'라고 단순하게 생각하고, 정의에만 집중합니다. 우리만 그런 게 아니라 지금껏 이어 온 정치철학의 역사가 대체로 그랬어요. '정의'라는 관념만을 탐구해 왔지 '불의'가 무엇이며 어떻게 작동하는지 관심 있게 바라본 사람들은 거의 없었죠. 슈클라는 여기에 대고 질문이 잘못되었다면서 우리는 정의보다 불의에 대한 질문을 우선해야 한다고 말합니다. 불의는 단순히 정의의 반대가 아니라고요. 사람들이 불의에 더 민감하고, 불의가 우리 삶과 더 밀접한 관계를 맺고 있다는 사실을 그동안 우리가 간과해 왔다고 슈클라는 지적합니다.

이와 관련해서, 영국 철학자 존 루카스John Lucas가 1980년에 펴낸 『정의에 관하여』라는 책에는 "불의는 바지를 입는다(Injustice wears the trousers)."라는 인상적인 문장이 들어 있어요. 정의는 바지를 안 입는 변태라는 말이 아니고, 정의는 얌전하고 조용한 덕목(cold virtue)이지만 불의는 우리가 널브러져 있다가도 바지를 꿰어 입고 밖으로 달려 나가게 한다는 말입니다. 리버럴한 복장으로 리모컨을 장착하고 소파에 누워 있던 철수 아버지가 벌떡 일어나 바지를 입고 뛰어나가는 건 "철수가 친구들이랑 사이좋게 번갈아 그네 타고 있어요."가 아니라 "윗동네 놈들이 그네를 차지하고는 철수가 타려니까 지금 쥐어 패고 있어요."라는 말을 들었을 때라는 거죠. 정의라고 했을 때 우리 마음속에는 사실 별 감흥이 없지만, 불의를 마주하는 순간 우리는 내 안의 무언가가 달려 나가는 걸 느낍니다. 주디스 슈클라는 바로 이 지점을 강조하는 거예요. 정의는 눈에 보이지 않는 형이상학의 세계에, 불의는 눈에 보이는 현실 세계에 있기 때문입니다.

따라서 슈클라는 정의라는 모호한 개념을 만들기 위해 형이상학의 세계에서 허송세월하지 말고, 당장 눈에 보이는 학살이며 야만 같은 현실적인 공포부터 차곡차곡 제거해 나가자고 합니다. '잔혹함'이야말로 사람들이 서로에게 행할 수 있는 최고의 악이기 때문에, 이 잔혹함이 벌어지는 장소에서부터 도덕적이고 정치적인 고민을 시작해야 하다는 것이죠. '정의를 위해서는 불의에 주목하라'는 슈클라의 말은 바로 이런 의미입니다.

◆◆

주먹질하시는 예수님

혹시 예수님께서 주먹질을 하시는 그림을 본 적 있는지 모르겠군요. 이탈리아 파도바의 스크로베니예배당에 있는 그림입니다. '성전에서 상인들을 내쫓는 그리스도'라는 제목이 붙은 조토 디본도네Giotto di Bondone의 그림이에요. 예수님께서 "너 이리 와 봐"의 화끈한 왼손과 "한 대만 맞자"의 나이스한 오른손을 선보이시고, 붙들린 자는 당황하며 "아, 저 그게요"의 표정을 짓고 있습니다. 혼나는 자들은 "이 동물을 바쳐야 기도를 들어주신다" 따위의 종교 마케팅으로 예배당을 어지럽히던 자들, 즉 가난하고 신실한 자들에게 덤터기를 씌워 이득을 취하던 부패한 장사꾼들이에요. 나쁜 놈들을 예수님께서 원펀치로 시원하게 몰아내는 장면이죠.

예배당을 정의로운 공간으로 만들기 위해서 따스한 미소를 잃지 않고 모호한 선(善)이며 뜬구름 잡는 것 같은 이상을 설파하시는 예수님보다는, 이렇게 눈앞의 잘못에 호쾌하게 주먹을 날려 썩은 곳을 도려내 주시는 예수님이 저는 더 좋습니다. 여러분은 어떤가요?

어릴 적에 큰소리도 잘 못 내고 얌전하기만 했던 어린이는(접니다) 커서 부조리한 세상에 마음으로부터 주먹질을 하는 어른이 되었습니다. 겁이 나서 움츠러들 때도, 내 일이 바빠 그냥 지나칠 때도 있지만 그래도 중요한 것은 차마 눈을 감지 못하는 마음, 뒤돌아보는 마음인 것 같아요. 지난달에 측은지심을 말했던 맹자가 유독 의(義)를 강조한 이유도 같은 맥락일 겁니다. 맹자의 호연지

조토 디본도네, 「성전에서 상인들을 내쫓는 그리스도Cacciata dei mercanti dal Tempio」(1303~1305), 프레스코, 200×185cm, 스크로베니예배당

기(浩然之氣), 즉 '의로움이 쌓여 생기는 크고 당당한 기운'은 용기에 가깝습니다.

어른들이 이런 엉망진창인 세상을 만들어 놓아서 진심으로 미안해요. 하지만 선의가 곤란을 겪고 무안을 당해도, 정의를 놓지 말고 우리 함께 힘내 봅시다. 그림 속 예수님처럼 우리 같이 정의롭게 주먹질을 해 봐요. 누군가 바지를 꿰어 입고 나와서 불의에 맞설 때, 한 번이라도 옆에서 "옳소!" 하고 목소리를 내는 용기를 가져 주면 좋겠습니다. 세상이 지옥 같더라도 슈퍼히어로 영화들이 여전히 인기가 많은 건, 사람들이 결국은 정의의 편이라는 이야기가 아닐까요? 어느 드라마의 한 장면이 캡처되어 돌아다니는 것이 제 눈길을 끌었는데요, 등장인물이 "악은 이토록 거침없이 자신의 길을 가는데 어째서 선은 끊임없이 자신을 증명해야 하는가?"라고 울부짖듯 말하는 장면이었어요. 악이 거침없이 자신의 길을 가지 않도록, 우리가 발을 걸면서(너무 무서우면 그 자의 발 앞에 몰래 레고 조각이라도 뿌리면서) 함께 지켜보면 좋겠습니다.

익명이라는 이름의
폭력성

쫌
의미심장한
철학자의
가정

나에게 기게스의 반지가 생긴다면?
투명 인간이 된다면 무엇을 하고 싶은가요?

기게스의 반지는 플라톤의 『국가』에 나오는 마법의 반지입니다. 투명
인간이 되게 해 주는 힘이 있지요. "만약 자신의 행동에 책임을 질 필요가
없는 상황이라면 우리는 과연 어떻게 행동할 것인가?" 여기에 관한 토론을
이끄는 매개체로 등장하는 반지입니다. 그리스신화를 좋아하는 친구라면
하데스의 투구와 같은 물건이라고 생각하면 돼요. 지하 세계를 지배하는 하
데스가 메두사와의 싸움을 앞둔 페르세우스에게 빌려주는 투구로, 쓰면 투
명 인간이 되죠. 기게스의 반지는 보석을 손 안쪽으로 돌리면 자신의 모습
이 사라지고, 반대편으로 돌리면 다시 보이는 물건이에요. 영화 〈반지의 제
왕〉 시리즈에 나오는 절대반지(마이 프레셔스!)도 이 기게스의 반지를 모티브
로 만들었다고 해요.

선량한 목동이었던 기게스도 이 요술 반지를 손에 넣자 평소에는 꿈에
도 생각하지 못했던 욕심, 즉 내가 이 나라의 왕이 되겠다는 욕심이 생깁니
다. 여러분은 투명 인간이 된다면 무엇을 하고 싶은가요? 온갖 욕심이 생기

고, 머릿속에 나쁜 짓이 떠오르나요? 범죄가 아닌 건 잘 안 떠오른다고요? 그렇다면 우리는 남의 시선 때문에 마지못해 정의롭게 행동하는 것이지, 사실 정의란 것은 불편하고 거추장스러운 것일까요?

『국가』의 화자로 등장하는 소크라테스는 나쁜 짓이 아무리 많은 이득을 가져다준다고 해도, 도덕적인 행위만이 사람의 마음을 평안하고 행복하게 만든다고 말합니다. 당장 내가 편의점에서 물건을 하나 훔치는 것이 나에게 금전적으로 이득이 된다고 해도, 그리고 그걸 아무도 몰랐기에 그 누구도 나를 손가락질하지 않는다 하더라도, 수치심과 자괴감은 작은 벌레처럼 내 심장에 남아 평생을 따라다닙니다. 도덕적인 행위는 그 자체로서 보상받는 것이며, 거기에서 오는 기쁨은 비열한 방법으로 왕관을 빼앗은 기게스의 만족감과는 비할 바 없이 크다고 소크라테스는 말해요. 이건 사실 나이가 들수록 더 크게 깨닫는 부분입니다. 내가 세상 누구에게도 죄를 짓지 않았다는 사실이 내 인생의 얼마나 안정적인 받침돌이 되는지, 지금의 여러분은 아마 실감하지 못할 수도 있어요. 세상에 비밀은 없고, 세상은 의외로 좁아서 우리는 돌고 돌아 만납니다. 학교 폭력 가해자는 아마 긴 인생을 발 뻗고 편안하게 잠들지 못할걸요.

> *올바름은 그 자체로 그것을 지니고 있는 자를 이롭게 하며, 올바르지*
> *못함은 그 자체로 그것을 지니고 있는 자를 해롭게 한다.*

『국가』라는 두꺼운 벽돌책은 '올바름은 그 자체로도, 그것이 가져오는 결과 때문에도 좋은 것'이라는 사실을 모두 밝히는 것으로 마무리됩니다. 즉, 기게스의 반지를 가졌든 가지지 않았든 의를 행해야 한다는 결론이죠. 여러분은 어떻게 생각하나요? 기게스의 반지를 끼고도 결국은 올바른 행동을 할 수 있을 것 같은가요?

BRAVE SOLIDARITY

용기 있게 손을 내밀어 보세요.

그 손을 잡고 어깨를 빌려주는 사람들이 나타날 것입니다.

그늘을 바라보는 눈도 가만히 떠 보세요.

주변의 그늘을 읽음으로써 내 안의 빛은

더욱 밝아질 것입니다.

OCTOBER

10

의외로
힘이 센
언어

우리가 서로의 이름을 부를 때,
공자의 정명(正明)을 새기기를

10월의 상담

바르고 고운 말은 오글거려요. 욕은 친한 사이에서
그냥 자연스럽게 쓰기도 하는 건데, 어른들이
너무 예민하게 구는 것 아닌가요?

이런 ×× 이생망 롬곡옾눞,
그러나 중꺾마

흑마술사의 주술 같은 이 소제목, 다들 자연스럽게 이해하나요? '이런 ××(빈칸을 자유롭게 채워 보세요!) 이번 생은 망했고 폭풍 눈물이 흐르지만 그러나 중요한 건 꺾이지 않는 마음.' 저는 신조어에 관심이 있는 편이라 가끔 '신조어 능력 고사' 같은 걸 살펴보기도 합니다만, 저의 반려만 하더라도(참고로 저보다 어립니다) 저 문장 앞에서 새벽 네 시 홍대 앞 클럽에 등장한 흥선대원군의 얼굴이 될 것이 분명합니다.

여러분은 우리나라에 국경일이 몇 개 있는지 알고 있나요? 국경일은 나라 국(國)에 경사 경(慶) 자를 써서 '나라에서 법률로 정해 기념하는 경사스러운 날'을 말하는데, 딱 다섯 개뿐이랍니다. 3·1절, 제헌절, 광복절, 개천절, 그리고 한글날이죠. 어린이날이나 현충일 같은 날은 국경일이 아니라 법정 기념일이라고 해요. 똑같이 쉬는 날이라 해도 국경일의 의미는 좀 남다르다고 생각하면 되겠습니다. 국가적인 큰 기쁨으로 생각하는 역사적 사건 5위 안에 한글 창제가 든다는 걸 생각하면, 한글은 그만큼 온 나라가 경사스럽게 간직하는 귀한 것이라는 말이겠죠? 그러고 보면 세종대왕은 기념해야 할 중요한 날과 관련이 많은 분이네요. 우리는 세종대왕이 훈민정음을 반포한 10월 9일을 한글날로(북한에서는 훈민정음을 창제한 날인 1월 15일을 조선글날로 지정하고 있다는군요), 그리고 겨레의 큰 스승이라는 뜻에서 세종대왕의 생일인 5월 15일을 스승의 날로 정하고 있습니다. 한글이라는 귀한 선물을 만드시어 우리를 하루 쉬게 하시고 스승의 날에 단축 수업을 하게 하신 크신 은덕을 우리는 잊지 말아야겠어요.

　매년 한글날이면 한글을 아끼고 바로잡아야 한다는 주장과 개탄이 반복됩니다. 외국어 간판이 가득한 번화가의 모습, 의미를 알 수 없는 소리로 우리 정신세계를 지배하는 노랫말들, 고운 표정으로 해맑게 욕을 발사하는 청소년의 세태 등을 담은 뉴스가 작년에 왔던 각설이가 죽지도 않고 또 오듯 매년 우리 앞에 오죠. (요즘 세상에도 각설이가 존재한다면 찬바람 잘 견디고 부디 장수하여 매년 와 주기를 바랍니다.) 그런데 한글을 바르게 쓴다는 것의 의미를 저는 좀 다르게 보고 싶어요. 더럽혀진 뭔가를 깨끗이 한다는 의미가 아니라, 우리가 쓰는 말이 정의와 평등 같은 사회적 가치를 잘 담아내고 있는지 질문을 던져 봤으면 하는 거죠. 그래서 저는 한글을 아끼고 고운 말을 쓰자는 얘기가 아닌, 서로의 이름을 바르게 부르는 행위에 관한 이야기를 하려고 합니다. 한글날은 우리가 사용하는 말들의 사회적 의미를 돌아보는 날이 되면 좋겠거든요.

✦✦

이름의 사회적 특성

"내가 그의 이름을 불러 주었을 때 / 그는 나에게로 와서 / 꽃이 되었다"라고 했던 시인이 있죠(김춘수, 「꽃」). 이름의 힘이란 오묘합니다. 아이가 태어나서 저를 처음 엄마라고 부르던 순간에, 저는 시인의 저 말을 온 마음으로 이해할 수 있었어요. 결혼을 했다는 사실도 엄마가 되었다는 사실도 믿기지 않아서 이게 다 꿈이 아닐까 아득해지는 순간이 종종 있었거든요. 그런데 아이가 저를 엄마라고 부르던 순간, 마음에 꽃 한 송이가 활짝 피면서 아이는 저에게로 와서 제 아이가 되는 마법이 일어나더군요. 그렇게 저는 엄마라는 이름을 사랑하게 되었습니다.

여러분은 어떤 이름을 갖고 있나요? 저에게는 여러 가지 이름이 있어요. 태어나서 받은 첫 번째 이름은 참 '진', 가을 하늘 '민'을 쓰는 제 본명이고요(그래서 저는 참된... 음료와 가을을 좋아합니다). 평생 가지고 갈 두 번째 이름은 위에 밝혔듯이 엄마입니다. 최근에 가장 자주 듣는 명칭은 작가, 혹은 선생님이에요. 그 밖에도 저를 부르는 무수한 명칭이 있습니다. 이모, 고모, 외숙모, 며느리, 선배, 거북이(별명도 이름이니까요), 프라우 김(구운 김이 아니라 독일어로 김

씨 부인에 해당하는 Frau Kim. 앞서 밝혔듯이 저는 독일에 살고 있어요) 등
등. 이렇게 내가 가진 이름의 목록을 보고 있으면 이름의 중요한
특성이 보입니다. 바로 사회적 성격을 띤다는 점이죠. 이름은 관
계를 전제로 해요. 이름은 내가 부르라고 있는 게 아니라 주로 남
들이 부르라고 있는 것이죠. 처음부터 무인도에 혼자 사는 인간이
있다면 과연 이름을 가질 생각을 했을까요?

이름은 나의 존재와 본질을 응축하는 짧은 단어인데, 정작 본
명부터 내가 만들지는 않았습니다. 주로 타인이 지어 주지요. 그
뒤로 생겨나는 이름들은 대체로 사회적 관계 속에서 얻는 이름이
에요. 예를 들어 저는 이 씨인데 '프라우 김'으로 불리는 것은 제가
결혼을 한 여성이고 독일에 살고 있다는 사회적 환경 때문입니다.
'프라우 리'로 불러 달라고 하면 '내가 의도치 않게 네 결혼 생활의
비밀을 알게 되었구나' 하는 표정으로 바라보는 독일 사람들이 가
끔 있는데, 그러면 한국에서는 결혼으로 여성의 성이 바뀌지 않는
다는 사실을 알려 줍니다. 그렇게 다른 나라의 문화를 알게 되는
것도 이름의 사회적 힘이겠죠.

아기가 말을 배울 때, 특별한 사연이 없는 한 가장 처음 부르는
이름은 아마 '엄마'일 거예요. 엄마가 온 우주인 줄 알았던 아기는
곧 이 세상이 엄마 말고도 수많은 이름으로 가득 차 있다는 사실
을 알게 됩니다. 세상 만물의 이름을 알게 되는 건 이 세상의 일원
이 되는 굉장히 중요한 과정이에요. 세상에 나 말고도 수많은 존

재가 있다는 것을 알려 주는 것이 이름이고, 우리가 세상과 소통하기 위해 만나는 첫 관문이 이름입니다.

✦✦
이름을 안다는 것

"엄마, 저게 뭐야?" 아기는 궁금한 것이 생기면 이름을 알고 싶어 합니다. "야, 쟤 누구야? 이름 알아?" 우리도 마음에 드는 사람이 생기면 이름부터 알고 싶어 하죠. 이름은 상대의 존재를 인식했다는 표시이자 관심입니다. 여러분 마음에도 이미 중요한 이름이 많이 들어 있을 거예요. 아기들은 마음에 드는 것의 이름을 수십 번씩 반복해 말합니다. 여러분도 좋아하는 사람의 이름을 가만히 발음해 보세요. 그것만으로도 미소가 지어지지 않나요? 무엇보다 우리는 그렇게 이름을 통해 상대와 연결돼요.

이름을 안다는 것은 사회에서 그 수만큼의 관계를 맺고 있다는 말이기도 합니다. 사람뿐 아니라 동식물과 사물 그리고 개념까지, 이름들은 서로 실타래처럼 얽혀 있어요. 이름을 많이 안다는 건 그만큼 나의 세계가 풍성하다는 말이기도 하지요. 뽀로로와 뽕뽕이가 전부이던 세계는 아이유와 이순신 장군과 그레타 툰베리라는 이름을 아는 세계와 분명 다르니까요. 공룡의 생김새만 봐도 이름이 척척 나오는 형과 다양한 빵 이름을 줄줄이 꿰는 동생이 있다면, 같은 집에 살고 있어도 아마 그들의 세계는 좀 다를 겁니다. 우리는 우리가 아는 이름들, 사용하는 단어의 질과 양에 따라 다른 세계에서 살게 돼요.

특히 어떤 개념을 정확히 알고 그것의 사회적 의미를 이해하는 사람과 그렇지 못한 사람은, 자신에게 일어난 일을 이해하고 세상을 설명함에 있어 차원이 다른 경험을 하게 됩니다. 소설가 정세랑의 『시선으로부터,』(2020)에는 시대를 앞서간 멋진 영혼 심시선 여사가 나오는데요, 세상만사에 명쾌하고 산뜻했던 이 주인공은 유독 자기에게 일어난 일들을 이해하고 정리하는 일을 힘겨워합니다. 아래는 심시선 여사 손녀들의 대화예요.

> "그 모든 걸 꿰뚫어 보던 사람이 왜 자기한테 일어난
> 일들을 소화하는 데는 그렇게 오래 걸렸지?"
> "그야 그렇잖아. 우리가 알고 있는 이름들을 할머니는
> 몰랐을 거니까."
> "이름들?"
> "가스라이팅, 그루밍 뭐 그런 것들. 구구절절 설명이
> 따라붙지 않게 딱 정의된 개념들을 아는 것과 모르는 건
> 시작선이 다르잖아."
> — 정세랑, 『시선으로부터,』(문학동네, 2020), 182쪽

이름을 아는 것의 힘이란 저런 거예요. 나의 말 창고 안에 어떤 이름이 들어 있는지에 따라 우리는 정말이지 다른 삶을 살게 됩니다. 내 사고는 아무리 멀리 뻗어 나간들 내 언어의 경계선에서 멈추는 법이거든요. 그런 의미에서 언어철학에 커다란 영향을 준 20세기 철학자 루트비히 비트겐슈타인은 '내 언어의 한계는 내 세계의 한계'라고 했고, 동시대를 살았던 독일 철학자 마르틴 하이데거는 언어를 "존재의 집(house of being)"이라고 했습니다. 빈약한 언어로는 가난한 집을 지어 영혼이 곤궁한 살림을 살게 되겠지요. 『어떻게 쓰지 않을 수 있겠어요』(2021)를 쓴 이윤주 작가는 한때 국어와 문학을 가르치는 교사였는데, 학생들에게 어떤 단어를 가진 삶과 가지지 못한 삶은 다르다고 가르쳤다고 합니다. 학생들이 어떤 대상을 명명하는 단어의 힘을 느끼고, 대상을 잘게 나누어 더 다양한 힘을 갖기를 바랐다고요. 그리하여 기쁨이 언어가 되면 불어나고, 슬픔이 언어화되면 견딜 만한 것이 된다는 걸 알려 주고 싶었다고 해요.

말 창고가 크고 아름다우며 그 안에 단정한 질서가 있는 사람과 그렇지 못한 사람. 다시 말해서 한 사람의 말과 글 안에서 보이는 어휘의 풍요와 빈곤, 그리고 그 사람이 사용하는 언어의 명확함과 아름다움의 차이는 그 사람의 정신세계를 드러내고 삶을 짐작케 합니다. 창고에 그득하게 쌓인 곡식으로 우리가 배부른 삶을 살 수 있듯이, 우리의 말 창고에 말이 그득하게 쌓여 있다면 우리는 뇌가 부른 삶, 영혼이 토실토실한 삶을 살 수 있어요.

같은 연애편지를 쓰더라도 말의 창고가 부실하고 더럽다면 엉망인 맞춤법에 욕이 난무하는 거친 문장들을(의외로 누군가의 취향을 저격할 수도 있겠습니다…) 쓸 것이고, 표현할 어휘가 빈곤하면 좋아한다는 말만 앵무새처럼 반복 재생 하겠죠. 그러므로 어떤 언어를 어떻게 배워 어떻게 사용하는가 하는 것은 한 인간의 삶에 지대한 영향을 미치는 일이 아닐 수 없습니다. 내 언어가 풍요로워야 내 세계가 온갖 빛깔과 향으로 풍성해질 테니까요. 공부라는 것도 크게 보면 이 세상의 다양한 이름들을 알아 가는 일입니다.

이름을 바로 하는 일, 정명(正名)

이름은 이렇게 나와 너의 세계를 연결하고, 그 세계를 풍성하게 만드는 스위치 같은 것입니다. 그런데 때로는 어떻게 불러야 할지 망설이게 되는 이름들이 있어요. 이렇게 부르는 것이 옳은지 생각하게 되는 이름들도 있고요.

『이름들의 인문학』(2020)을 쓴 박지욱 작가는 "세월을 견디며 살아남은 이름도, 도태되어 사라지는 이름도 있고 하나의 본질을 두고 서로 경쟁하는 이름들도 있다."라고 말합니다. 예를 들어 같은 섬을 두고 한쪽은 '독도'라고 하고 다른 쪽은 '다케시마'라고 주

장하는 것, 같은 역사적 사실을 가리켜 누구는 '광주 폭동'이라고
하고 누구는 '5·18 민주화 운동'이라고 부르는 것처럼 말이죠. 이
름이 중요한 건 우리가 어떤 대상을 어떻게 부르는가 하는 것이
그 대상의 본질을 꿰뚫는 문제이기 때문입니다. 누군가를 두고
'그냥 친구'라고 칭하는 것과 '연인'이라고 부르는 것이 두 사람 관
계의 본질을 드러내듯이요.

　이름은 부르는 대상의 본질과 닿아 있고, 나와 맺는 관계가 녹
아 있는 단어예요. 이 말이 조금 어렵다면 이렇게 예를 들어 보죠.
새엄마를 '엄마'라고 부르는 것과 '아줌마'라고 부르는 것, 둘의 차
이가 느껴지나요? 앞서도 말했듯 나와 잘되어 가는 누군가가 남
들에게 나를 그냥 친구라고 소개하는 것과 연인이라고 소개하는
것의 차이를 생각해 본다면 더 짜릿하게 와 닿을지도 모르겠네
요. '할아버지'나 '어르신'이라고 부르는 것과 '영감탱이' 혹은 '틀
딱충'(쓰기 싫지만 차이를 느껴 보았으면 해서 굳이 써 봅니다)이라고 부
르는 것의 차이에 관해서도 생각해 보세요. 내가 상대방을 어떻게
생각하는지, 그 핵심이 이런 이름들 안에 녹아 있는 거예요. 엄마
라고 부를 때와 아줌마라고 부를 때, 친구라고 부를 때와 연인이
라고 칭할 때, 할아버지라고 할 때와 영감탱이라고 할 때, 호칭에
서부터 벌써 상대를 향한 우리의 마음가짐이 달라지죠.

　어린 시절 제가 학교에 가지고 다니던 크레파스에는 '살색'이
있었습니다. 외국에 나와서 다양한 피부색의 사람들이 공존하는

사회에서 직접 생활하기 전까지, 저는 그 살색이라는 이름이 가진 문제를 전혀 인식하지 못했어요. 어떤 선생님도 그 이름이 딱히 부적절하다는 말씀을 해 준 적이 없었고, 실제로 크레파스의 그 색은 내 살색이자 친구들의 살색이었거든요. 수십 년이 지나 제 아이의 크레파스에는 같은 색 이름이 '살구색'으로 변해 있었습니다. 다행이라고 생각했어요. 인간의 살색은 정말이지 다양한 색이니까요. 색깔 이름에도 인종차별적 뉘앙스가 밸 수 있다는 사실을 꿈에도 몰랐던 저는, 이렇게 나이가 들어서야 비로소 피부색을 표현하는 말들에 의문을 가지게 되었습니다. 흑인은 태어났을 때도, 겁에 질렸을 때도, 햇볕에 탔을 때도, 나이가 들 때도, 항상 '검다(black)'고만 표현되지만 백인은 영어 표현상 분홍빛으로 태어나 노랗게 질리고 빨갛게 타며 회색빛으로 늙어 갑니다. 세상의 색깔을 다양하게 선점한 것은 백인들인데 왜 세상은 흑인을 '유색(colored) 인종'이라고 표현하는 걸까요? 좀 이상하지 않나요?

"나라를 다스린다면 무엇부터 하시겠습니까?" 하는 제자의 물음에 공자는 이름을 바로잡겠다고 말해요. 그것이 바로 '바른 이름', 혹은 '이름을 바르게 하다'라는 뜻의 '정명(正名)'입니다. 이 대답을 듣고서 고지식하다고 핀잔을 주는 제자에게, 공자는 화를 내며 다음과 같이 꾸짖어요. "이름이 바르지 않으면 말이 순조롭지 못하고, 말이 순조롭지 않으면 일이 이뤄지지 못하는 것이다. 일이 이뤄지지 않으면 예악(禮樂)이 일어나지 못하고, 예악이 일어나지 않으면 형벌이 맞아떨어지지 못하며, 형벌이 올바르지 않으면 백성들은 손발을 어디 놓을지 모르게 되는 것이다." 공자에게 정치는 기본적으로 언어가 밑바탕이 되어 신뢰가 구축되는 세계, 즉 올바른 말의 힘이 가장 근본인 세계예요. 이름이 바로잡히지 않고 말이 바르지 않으면 결국 사회 전체가 망가지게 된다는 사실을 공자는 잘 알고 있었던 것이죠.

실제로 정치의 일은 많은 부분 이름을 바로잡는 데 있습니다. '테러리스트'였던 안중근은 해방이 되고 새로운 정치체가 들어서면서 의사(義士)라는 이름을 얻습니다. 수많은 '병신', '앉은뱅이', '꼽추'들이 장애인이라는 다소 중의적 이름을 얻고 권리를 주장할 수 있기까지, 참 많은 사람들이 힘들고 아픈 시간을 견디며 싸웠을 거예요. 정치란 기본적으로 사회적 관계를 기반으로 하는데, 부르는 이름이 달라지면 관계가 달라집니다. '청소부', '딸배' 대신 환경공무관이나 배달원으로 부르게 되면 조심하고 존중하는 마음이 생겨나는 것처럼요. 그러므로 역할과 노고에 걸맞은 적절한 이름을 부르는 것을 시작으로 우리 사회의 관계들은 한층 건강하고 아름다워집니다. 정치가 이름들을 고민해야 하는 이유가 바로 여기에 있어요. 그런 의미에서 정의(definition)를 바로잡는 일은 정의(justice)를 바로 세우는 디딤돌이 된답니다. 장애인이나 난민처럼 편견이 들러붙기 쉬운 단어를 살피는 것도 꼭 해야 할 일이고, 잘못 생겨난 이름들을 적절히 관리하는 것도 중요한 과제입니다.

정치인이라면 '전거지', '꼴페미', '일베충' 같은 단어 주위를 부지런히 돌아다니며 진지하게 경청하고 토론하여 정책을 만들고, 그런 정치인을 뽑는 시민들은 '개쌍도'니 '전라디언'이니 하는 특정 지역 비하 단어들을 아프게 받아들여야 하는 거지요. 그래서 공자는 정치를 하게 되면 정명, 즉 이름을 바로잡는 일부터 하겠다고 단언했던 것입니다.

✦

우리의 이름들은 행복한가요

말에는 힘이 있습니다. 옛사람들은 그 힘을 믿었기에 이름을 신중하게 지었고, 문자도(文字圖)를 즐겨 그렸다고 합니다. 언어는 사고를 규정하고, 사고의 변화는 현실의 변혁을 추동하는 힘을 갖기 때문이지요. 하지만 현재 우리 사회에 어떤 단어들이 널리 쓰이고 있는지 생각해 볼까요. '김치녀'라고 부르면 '한남충'으로 화답합니다. '개저씨', '틀딱충'이라고 부르면 '급식충'으로 받고요. 앞서 칸트 이야기에서도 충(蟲)이라는 글자에 관해 언급했지만, '담임충', '맘충', '애비충'… 아니, 무슨 파브르 곤충기도 아니고, 온 국민이 벌레가 되었습니다. 모두들 잔뜩 화가 나 있는 것 같아요.

사람을 함부로 벌레로, '깜둥이'로, 음식 이름으로 부르지 않는 것. 더 나아가 '병신', '빨갱이', '김치녀', '한남' 같은 몹쓸 단어로 부르지 않는 것. 이름에 스며든 온갖 편견의 부스러기들을 인지하고 이를 바로잡는 것. 이것이 바로 공자 할아버지가 화를 벌컥 내면서 강조하신 정명입니다. 저는 여러분이 누군가를 부를 때, 이 할아버지의 분노를 가끔 떠올려 주면 정말 좋겠어요. 서로의 이름을 제대로 부르는 일, 모두의 이름을 아름답게 가꾸는 일의 중요성을 함께 고민하면 좋겠습니다. 모든 관계는 이름으로 시작하니까요. 그리고 언어란 오랜 시간에 걸쳐 한 사회의 구성원들이 함께 빚은 작품으로, 그 안에 그 사회의 과거와 현재와 미래가 겹겹이 녹아 있는 것이니까요.

한편으로는 이름들이 놓일 자리도 돌아보았으면 좋겠습니다. 말을 배우고 이름을 익힌다는 건, 내가 내 삶 속에서 그 이름들을 부르고 놓을 자리를 고르기 위함입니다. '계모'라는 말을 '마녀'와 비슷한 자리에다 놓을 것인지, 편견을 없애기 위해서라도 더욱 의식적으로 따뜻한 가족 관계 안에서 쓸 것인지, 이렇게 같은 단어라도 놓는 자리에 따라 말은 전혀 다른 색을 띠고 전혀 다른 온도를 갖게 됩니다. 그러므로 이름들이 놓일 자리를 깨끗하고 포근하게 만들어 주는 것 역시 무척 의미 있는 일이에요. 우리는 단어를 특정한 자리에 거듭 놓음으로써 그 의미를 특정한 방향으로 이끌 수 있는 힘을 가진 사람들이니까요.

더 중요하게, 나는 현재 어떤 이름을 가지고 있는지, 어떤 이름을 갖고 싶은지, 나 스스로를 어떻게 부르고 싶은지, 결국 나는 나 자신을 어떻게 정의하고 싶은지도 한 번쯤 되짚어 보면 어떨까요? 나는 과연 내게 붙어 있는 이름들에 걸맞은 삶을 살고 있는, 그 이름다운 존재인지 말이에요. 저는 엄마라는 이름과 작가라는 이름 앞에 부끄러울 때가 많습니다('작가'보다는 '작자'가 더 어울리는 인간이라고 생각합니다. 흠흠). 여러분은 주로 학생일 테니 그 이름에 걸맞은 삶을 살고 있는지 한번 생각해 보세요. 내 이름뿐 아니라 타인의 이름도 마찬가지예요. 나는 다른 존재들을 어떻게 정의하고 있는지, 나의 주변에 있는 이름들이 내게 불리면서 과연 그 존재들은 행복하고 평안할지. 우리가 서로의 이름을 부른다는 건 사회적 존재로서 가장 기본이 되는 근원적 행위이기 때문입니다.

마지막으로 욕에 관해 한마디만 남길게요. 저는 욕이 크게 나쁘다고는 생각하지 않는 편입니다. 구수한 욕쟁이 할머니의 랩 같은 욕이 크게 기분 나쁘지 않듯, 욕은 사회적으로 허용되는 개인의 라이프 스타일 영역일 수 있다고 생각하거든요. 욕이 가지고 있는 건강한 사회적 기능도 있고, 친구 사이에 건네는 익살맞고 악의 없는 욕은 친근감의 표현일 수도 있지요. 고백하건대 제가 문학작품을 읽을 때 제일 흥미로운 부분은 사실 주인공이 걸쭉하게 욕을 내뱉는 장면일 때가 많습니다. 누가 뭐래도 현진건의 단편 「운수 좋은 날」은 "설렁탕을 사다 놓았는데 왜 먹지를 못하니"와 "이 오라질 년"으로 기억되는걸요.

하지만 상대를 낮잡아 부르는 말과 혐오 표현은 부디 조심해

주었으면 좋겠어요. 욕 자체에 비하가 많이 들어 있다는 것 정도
는 기억해 주었으면 하고요. 여기에 일일이 밝히지는 않겠습니다
만, 욕의 어원을 살펴보면 내가 애용해 왔던 욕에 정이 뚝 떨어지
는 경험을 종종 할 수 있을 거예요. 어떤 욕은 정말 쓰고 싶지 않
다는 생각이 들 겁니다. 저는 욕이란 것은 어느 언어에서든 필요
한 것이라고 생각하는데, 우리 다정하게 욕하는 법을 연구해 보면
어떨까요. 이런 개나리 같고 후리지아 같은 놈들아, 하고 말이에
요. 그렇게 나에게로 와서 꽃이… 아, 아닙니다.

교묘한 말의 세계

쫑
역설적인
철학자의
말

말이 어눌한 사람이 군자라고요?

우리는 말 잘하는 사람을 멋있다고 생각합니다. 남들 앞에서 똑 부러지게 자기를 표현하고, 발표도 토론도 멋지게 하는 친구들을 보면 부러운 마음이 들지요. 그렇지만 공자는 군자, 즉 덕이 높은 사람은 말을 어눌하게 한다고 말했어요. 도대체 이게 무슨 소리일까요?

'교언영색(巧言令色)'이라는 말을 들어 본 적이 있을 거예요. 『논어』에 나오는 말이랍니다. 공자는 인(仁)이라는 덕목을 최고의 가치로 삼는데, 교언영색, 즉 번지르르한 말과 알랑대는 표정에는 인이 부족하다고 해요. 반대로 "어눌한[訥] 것이 인에 가깝더구나." 혹은 "인이란 곧 말을 더듬는 것[訒]이지." 하고 말합니다. 교언영색이 좋지 않은 건 알겠지만 그렇다고 말을 더듬으면서 할 말도 제대로 못 하는 사람은 군자보다는 소인 쪽에 가까운 것 같은데, 공자는 왜 이런 말을 했을까요? 말 한마디로 천 냥 빚도 갚는다는데 말이죠.

공자는 기본적으로 입만 살아서 말만 번지르르한 사람을 굉장히 싫어

합니다. (그런 사람들을 싫어한다고 아예 『논어』에다 대문짝만 하게 써 놓았어요.) 공자가 특히 경계하는 것은 말의 이중성입니다. 말만 청산유수로 늘어놓고 정작 행동이 따르지 않는 것을 염려하는 것이지요. 말은 우리 사이의 약속이니까요. 반면에 말을 더듬는다는 것은 깊이 생각하고 주저한다는 뜻입니다. 이 말이 맞는지, 내가 이 말을 지킬 수 있을지, 그만큼 한 마디 한 마디 말을 천천히 골라서 신중하게 하는 모습이라고 생각하면 되겠어요. 공자가 말을 더듬는 눌(訥)과 말을 참는 인(訒)을 최고 덕목인 '인(仁)'으로 가는 첩경으로 여긴 것은 그런 이유입니다.

공자는 군자를 "말은 더듬되, 실천은 재빠르고자 하는 사람"이라고 해요. 한마디로 말을 삼가고 묵묵히 몸을 움직이는 사람인 것이죠. 다시 말해, 먼저 실천하고 말이 뒤따르는 존재인 것입니다. 그렇다고 공자가 아예 언어를 무시하거나 말의 중요성을 낮게 본 것은 결코 아니라는 점에 유의하기 바랍니다. 그렇게 생각했다면 정치의 본질을 '정명(正名)'이라고 생각하지도 않았을 거예요. 언어가 그만큼 중요하기에 바르게 사용하고 신중하게 내뱉어야 한다는 뜻이지요. 말 한마디로 천 냥 빚을 갚는다는 속담도 사실 그 점을 강조하는 것이겠지요? 진심 어린 말, 바르고 좋은 말 한마디의 힘 말이에요.

여러분은 어떤가요? 말보다 행동이 민첩한 쪽인가요, 말은 저만치 앞서 가는데 행동은 굼뜬 편인가요? 말 한마디로 오만 원 빚을 갚는 쪽인가요, 아니면 말 한마디로 천년의 재앙을 소환하는 쪽인가요?

신과
인간에 관한 사유

신이 정말 있는 걸까?
니체의 말을 들어 보자

11월의 상담

수능을 앞두고 백일기도나 새벽기도 다니시는 부모님이 많아요.
저도 시험을 볼 때마다 온갖 신을 찾기는 하는데,
신이 정말 있다면 제 성적이 이 꼴일 수는 없습니다.
신은 정말 있을까요?

신을 믿고 싶은 마음과
믿고 싶지 않은 마음

여러분은 신을 믿나요? 신을 믿지 않는 사람도 누군가에게 기도하고 싶은 마음이 들 때가 있습니다. 누구든 생을 살다 보면 간절해지는 순간이 있으니까요. 내 인생에 큰 영향을 미칠 것 같은 일이나 중요한 시험 앞에서는 초월적 힘을 가진 절대자에게 의지하고 싶은 마음이 생기죠. 누군가가 지켜보고 있다면 부디 나를 이 고통과 불안에서 건져 주었으면 하는 마음 말이에요. 특히 오랜 기간 준비해 온 것을 쏟아부어야 하는 수능 시험을 두고는 모든 게 내가 원하는 대로 순조롭게 이루어지기를 바랄 거예요. 4대 종교뿐 아니라 올림포스 12신과 조상신까지 묻지도 따지지도 않을 테니, 그쪽에서도 묻지도 따지지도 않고 무진단 무심사로 나에게 은총을 내려 주면 좋겠죠.

인간이 신을 찾는 이유는 여러 가지입니다. 삶이 고통스러울 때, 삶의 의미를 찾지 못할 때, 도저히 이해할 수 없는 일 앞에서 아득함과 무력함을 느낄 때, 유한한 존재로서 죽음을 생각할 때, 지키고 싶은 것이 생겼을 때, 올림픽이나 월드컵 경기를 볼 때 (음?) 등등. 한편으로는 신의 존재를 부정하는 이유도 여러 가지일 텐데요, 흥미로운 것은 신을 찾는 마음과 거부하는 마음 사이에 겹치는 이유도 많다는 점이죠. 예를 들어 도저히 이해할 수 없는 일 앞에서 말문이 막힐 때, 어떤 사람은 종교에 귀의하여 신의 품에서 위로를 받는 쪽을 택하는 반면 어떤 사람은 세상에 신이 있다면 이럴 수 없다며 신의 존재를 부정하려 들 것입니다.

　삶의 기본값이 행복이라고 생각하는 사람이 반드시 신의 존재를 긍정하는 것도 아니고, 삶의 기본값이 불행과 고통이라고 믿는 사람이 늘 신을 원망하고 부정하는 것도 아닙니다. 그렇게 지옥 같은 삶을 인간에게 선물한 신을 말이죠. 이와 관해서 우리가 '신의 기본값'이라는 표현을 쓸 수 있다면 신을 어떤 모습으로 상정하느냐도 중요할 거예요. 자애로운 신과 벌을 내리는 신. 둘은 사실 이어져 있겠지만(신이 모두에게 자애롭기만 하다고 생각해 봅시다. 세상은 엉망진창일 거예요. 모든 소원을 다 들어주는 부모는 망나니 같은 자식을 키울 위험이 높으니까요. 그래서 자애로운 신은 사실 어느 정도 엄격한 신이어야 할 것입니다) 그래도 내가 그리는 신의 기본값에 따라 신을 믿고 싶은 마음과 그렇지 않은 마음 사이에는 모양이 꽤 다른 그래프가 그려지지 않을까요? 이렇게 보면 삶의 행복과 고통, 신의 존재를 믿는 마음과 그렇지 않은 마음 사이에는 정말로 복잡한 생각이 다양한 방향으로 흐릅니다.

◆◆
나는 왜 신의 존재 여부를 묻고 있을까?

신이 정말 있을까요? 저도 궁금합니다. 신의 존재 여부에 관한 질문은 논리적으로 대답하기 어려운 질문이에요. 실증(實證), 즉 실제로 증명하는 것이 어렵기 때문이죠. 하지만 이 세상에는 원래 존재를 증명하기 어려운 것이 많습니다. 예를 들어 사랑이라는 감정을 실증할 수 있나요? 그건 그냥 느끼고 믿는 것이죠. 마음을 지퍼로 확 열어서 보여 주고 싶어도 그럴 수 없어서 답답한 이 고구마 같은 사랑. 하지만 과학적으로 증명하기 어렵고 눈에 보이지 않아도 많은 이들이 세상에 사랑이 있다고 믿어요. 신도 마찬가지입니다. 실제로 존재하는지는 알 수 없지만, 신을 느끼고 믿는 사람에게 신은 확신의 대상일 거예요.

신이 있는지 없는지에 관해서는 그러므로 모든 사람이 만족할 만한 답을 제시하기 어렵습니다. 그 질문에는 개인적인 답이 있을 뿐이라고 생각해요. 하지만 신의 존재 여부와 상관없이 한 가지 분명한 것은, 종교를 만든 건 인간이라는 사실이죠. 인간의 경험, 즉 다양한 삶의 경험이 종교를 만들었습니다. 신은 있을 수도 있고 없을 수도 있지만, 그걸 궁금해하는 것은 인간이에요. 그러므로 저는 질문을 이렇게 바꿔 보고 싶습니다. "나는 왜 신이 있다고 믿고 싶을까?" "나는 왜 신이 없어도 괜찮다고 생각할까?" "나는 왜 신의 존재 여부를 묻고 있을까?"

　여러분도 질문의 대상을 신에게서 나로 한번 옮겨 보세요. 선뜻 답하기 어려워 막막했던 이전 질문과는 달리, 이런저런 답변거리가 퐁퐁 솟아날 거예요. 그렇게 살짝 구부려 놓은 질문을 통해 신과 인간의 관계에 대한 생각도 한층 깊어질 거고요. 많은 철학자들이 신을 향한 고민을 가슴에 묵직하게 품었던 이유도 비슷할 겁니다. 신을 향한 고민은 곧 나의 삶, 나의 존재에 대한 고민과 맞닿아 있으니까요.

✦

신과 철학의 관계

　사실 신과 철학은 관계가 깊습니다. 신과 인간의 만남은 철학적으로 굉장히 중요한 사건이에요. 전지전능하며 무한한 존재인 신. 그에 반해 능력도 존재 자체도 유한한 인간. 신에 관한 사유는 늘 인간이라는 존재를 사유하는 데 깊이를 더해 주었고, 신과 인간이 어떤 모습으로 만나는지에 따라 서양 문화권에서는 역사를 고대, 중세, 르네상스, 근대와 그 이후, 이렇게 큰 덩어리로 잘라 나누었습니다. 이런 구분은 철학에도 반영되어 서양철학도 신과 인간의 구불구불한 관계 곡선에 따라 시대가 구분되곤 하죠. 신학과 철학은 상당히 비슷한 질문을 공유하기도 해요.

그런데 역사적으로 철학자들은 종교와 껄끄러운 관계에 놓이는 경우가 많았습니다. 그 이유를 아마 여러분도 쉽게 추론할 수 있을 거예요. 한쪽은 이성과 논리의 영역, 다른 한쪽은 믿음의 영역이니까요. 여러분은 소크라테스가 사형선고를 받아 독배를 마시고 죽었다는 사실을 알 거예요. 나라에서 사약을 내린 셈이죠. 그런데 그 죄목이 뭔지도 혹시 알고 있나요? 불경죄, 바로 신을 믿지 않는다는 것이었습니다. 국가가 인정하는 신을 믿지 않고, 젊은이들을 타락시켰다는 혐의였죠. 이전 글에서도 밝혔듯이 소크라테스는 질문의 왕이었어요. 당연한 믿음에 새로운 각도로 질문을 던지고 또 던져서 결국 그 믿음에 균열을 내고, 그 틈 사이로 새로운 생각의 씨앗을 심는 것이 소크라테스의 일이었죠. 그러므로 사람들이, 특히 권력을 가진 사람들이 의심을 품기 좋았을 겁니다. '저 소크라테스라는 자는 믿음과 순종 위에 거(居)하는 신에게 정면으로 반하는 인물이구나. 그리하여 사람들의 믿음을 혼란스럽게 만드는 자로구나.' 하고요.

하지만 한쪽은 이성과 논리의 영역, 다른 한쪽은 믿음의 영역이니까 불화했을 것이라는 생각은 둘의 관계를 조금은 단순하게 이해하는 거예요. 왜 철학자들이 자주 종교와 껄끄러운 관계에 놓이는지, 왜 그토록 많은 철학자들이 무신론자라는 의혹을 받았는지를 조금 더 깊게 이해하는 것이 필요합니다. 사실 소크라테스 이하 많은 철학자들이 정말 신을 믿었는지 아닌지가 중요한 것은 아니에요. 보다 중요한 것은 신으로 상징되는 기존의 권위에 도전하고 그 시스템을 흔드는 질문을 던졌다는 사실이죠.

종교는 한 사회 속 모든 도덕관념의 결합체라고 할 수 있습니다. 종교계의 어른들이 왜 존경받는지 생각해 보면 쉬울 거예요. 우리는 바로 그분들의 고매한 도덕성을 우러르는 것이죠. 종교는 이렇게 한 사회가 생각하는 옳고 그름, 선과 악을 집대성한 것이라고 볼 수 있어요. 무언가를 허락하고 금지하는 일과 필연적 관계를 맺는 것이 종교인 데다, 제정일치 쪽에 가까운 역사일수록 그 안에 사회적 권위가 내밀하게 얽히게 마련이지요.

이런 배경에서, 신에 대한 도전은 곧 그 사회 시스템 자체에 대한 도전이 됩니다. 권력을 잡은 이들은 종교의 힘을 빌리거나 종교계와 조화롭게 지내야 백성들을 통치하기 쉬웠기 때문에 둘 사이에는 끈끈한 점성이 생기죠. 금지된 것에 대한 의문, 기득권에 대한 비판, 사회와 국가에 대한 근본적인 질문은 이런 상황에서 손쉽게 신에 대한 도전이자 사회의 안정을 뒤흔드는 불경한 질문으로 바뀌는 거예요. 끊임없이 "이게 최선입니까? 이렇게밖에 못합니까?"를 외치며 사회에 쓰라린 질문을 던지는 게 사명인 철학자들이 종교와 불편한 관계에 놓이는 것은 그러므로 어느 정도 예정된 결말입니다. 여러분께는 그중 두 명을 소개하고 싶어요. 19세기 독일 철학자 아르투어 쇼펜하우어Arthur Schopenhauer, 그리고 쇼펜하우어보다 약간 뒤 세대 철학자로서 앞에도 여러 번 등장했던 프리드리히 니체입니다.

쇼펜하우어, 세상은 고통일지라도

앞에서도 한 번 소개한 책 『소크라테스 익스프레스』의 저자 에릭 와이너에 따르면 아르투어 쇼펜하우어는 열일곱 살에 이런 결론을 내렸다고 해요. "이 세상은 선한 존재의 작품일 수 없다. 세상은 고통스러워하는 모습을 흡족하게 바라보려고 생명체를 창조한 악마의 작품일 것이다." 무엇이 열일곱 살 소년을 이런 결론에 이르게 만들었는지 궁금하지만, 열일곱이기에 더욱 그런 결론을 내렸을지도 모르겠네요. 어쨌든 세상이 기본적으로 이렇게 고통스러운 곳이라는 인식은 그의 철학 전반에 중요한 기본 전제로 작용합니다.

이런 부정적인 시각은 이 우주가 근본적으로 비합리적이고 불가해(不可解)한, 즉 이해하기 어려운 장소라는 견해에서 출발하는데요, 쇼펜하우어의 대표작 『의지와 표상으로서의 세계』(1818)의 첫 문장에서 그 이유를 찾을 수 있습니다. "세계는 나의 표상이다." 이 말을 풀이하자면, 모든 사람이 자기 자신의 이해 정도와 인식의 한계 내에서만 세상을 바라볼 뿐이라는 말이에요. 표상이라니 그건 대체 뭐냐고요? 나는 포상을 좋아하지, 표상은 뭐 말인지 모르겠다고요? 여러분, 조금만 참고 표상을 이해하면 포상이 올 것입니다.

　쇼펜하우어는 이 세계를 '의지로서의 세계'와 '표상으로서의 세계'로 나눠 인식해요. 의지로서의 세계를 '실제로 존재하는 본질적인 세계'라고 한다면, 표상으로서의 세계는 '인간이 의식하고 감각하는 세계'입니다. 꽃은 자연 본연의 힘과 의지에 따라 피어나요. 인간은 저기 피어난 빨간 꽃이 원래 무슨 색인지 알 수 없지만, 인간으로서 감각하는 가시광선의 범위 안에서 세상의 색을 인식하게 되죠. 그 결과 저 꽃은 빨갛다고 생각하는 거예요. 이것이 표상으로서의 세계입니다. 즉, "세계는 나의 표상이다."라는 말은 "세계는 내가 만들어 낸 느낌과 생각이다."라는 말과 비슷해요. 쇼펜하우어는 인간 존재가 이성과 합리적인 판단 능력을 갖고 인과법칙에 따라 질서 정연한 삶을 살아간다는 기존의 철학적 전제를 정면으로 거부하고, 우리 삶을 움직이는 것은 무의식적이고도 맹목적인 의지라고 주장했어요. 삶을 보존하려는 나의 의지, 그리고 인간을 휘두르는 이 세계의 의지, 그것이 우리를 움직인다는 겁니다.

　쇼펜하우어의 철학에서 인간의 삶이 기본적으로 고통과 불행인 이유를 살펴볼까요? 첫째, 의지로서의 세계와 표상으로서의 세계 사이의 간극 때문입니다. 세계라는 건 기본적으로 궁극적 본질에 닿고 싶어도 닿기 어렵게 세팅이 되어 있어요. 둘째, 우리는

'의지'라는 힘에 주목해야 하는데, 자꾸 '이성'의 힘을 믿으려고 하기 때문입니다. 인간의 이성을 통해 파악되는 세계는 표상의 세계일 뿐인데 말이죠. 셋째, 의지라는 개념 역시 인간의 것으로만 파악하려고 하는데(대표적으로 인간의 자유의지 같은 것 말이죠), 의지라는 것은 그보다 넓은 자연과 우주의 세계입니다. 인간은 어쩔 수 없이 자연의 의지, 우주의 의지에 의해 휘둘리는 존재인 것이죠. 식욕, 성욕 같은 우리 몸의 충동과 욕망이 대표적인 것입니다.

이렇게 보면 인간이 완전한 마음의 평정을 얻고 행복을 느끼는 것은 무척, 몹시, 매우 어려운 일로 보입니다. 끊임없이 생각나는 감자칩, 떡볶이, 냉면, 그리고 가질 수 없는 너. 삶은 고통과 좌절의 연속인 것이죠. 잠시의 만족은 있을 수 있지만 오래가지는 않습니다. 떡볶이를 물고서도 냉면이 생각나는 것이 인간 아니겠습니까. 우리가 전혀 통제할 수 없는 외부 세계가 우리의 행복을 좌지우지할 수도 있고요. 떡볶이를 입에 넣는 순간 지진이 난다거나, 너와 드디어 마음이 맞닿았는데 누군가가 불치병에 걸릴 수도 있는 것이니까요.

여기가 신을 찾게 되는 지점이 아니냐고요? 쇼펜하우어에게 신이라는 것은 그야말로 거대한 표상이 아닐까요? 그는 우주의 의지와 개인의 의지가 이어져 있음을 느끼고, 우리의 자연스러운 욕망을 최소화하는 방향으로 간다면 보다 평온한 마음, 보편적 자비에 닿을 거라고 해요. (어디서 비슷한 말을 들은 것 같지 않나요? 네, 쇼

펜하우어의 철학은 불교 사상과 상당 부분 닿아 있답니다.) 비관주의자, 염
세주의자라는 오해를 많이 받지만 사실 쇼펜하우어는 예술적, 도
덕적, 금욕적 형태의 인식을 통해 좌절감으로 가득 차 있고 근본
적으로 고통스러운 인간 상태를 극복하는 방법을 적극적으로 논
합니다. 세상이 고통으로 가득할지라도 그걸 인정하고, 그 안에
서 부드럽게 헤엄칠 수 있는 방법을 모색하는 것이죠. 쇼펜하우어
가 최근에 큰 인기를 끈 이유는 이렇게 고통을 삶의 본질로 파악
하고, 나의 욕망과 능력 사이에서 균형을 찾으려는 시선에 공감한
사람들이 많기 때문일 거예요. 가진 것을 늘리려는 태도가 아니라
이미 가진 것을 충분히 즐기려는 태도, 행복해서 웃는 것이 아니
라 웃어서 행복해진다는 그런 태도 말이지요.

✦

니체, 신은 죽었다

쇼펜하우어의 지옥 탈출법이 전혀 와닿지 않는다면 쇼펜하우
어 후대의 독일 철학자 니체의 말을 한번 들어 보죠. 니체는 좀 더
씩씩하게 한 걸음 나아갑니다. 쇼펜하우어의 인간이 고통의 바다
안에서 담담하게 헤엄치는 조그만 물고기 같은 것이라면, 니체의
인간은 단단히 서서 그 거센 파도를 다 받아 내는 바닷가의 등대
와 비슷할 거예요. 쇼펜하우어가 우리 인생은 오히려 삶이라는 걸

적극적으로 인식하지 않을 때 행복해진다고 보았다면, 니체는 적극적으로 삶을 사랑하라고 합니다. 니체는 특히 "신은 죽었다"라는 선언으로 유명한데요, 신께 도전하기 종목이 올림픽에 있다면 이 세상의 모든 망나니들을 제치고 당당히 금메달을 차지할 철학자가 바로 니체입니다.

1887년 『도덕의 계보』라는 책에서 니체는 지난 2,000여 년간의 서양철학 전통을 단번에 깔아뭉개는 야심찬 프로젝트를 진행합니다. 그러면서 특히 기독교를 강하게 비판하는데, 이유는 그가 말하는 '주인 도덕과 노예 도덕 사이의 가치 전복'의 핵심 사례가 바로 기독교이기 때문입니다. 주인, 노예, 가치, 전복, 이게 다 무슨 말이냐고요? 단어들이 좀 낯설어서 그렇지 그리 어려운 내용이 아니니 차근차근 한번 따라와 보세요. 일단 '주인과 노예라니, 지금 시대가 어느 시댄데…' 하는 생각이 드는 친구들이 있다면, 주인과 노예는 역사 속 진짜 계급을 말하는 게 아니고 그런 정신의 소유자들을 말합니다. 주인은 '내 삶의 주인'이라는 의미에 가깝고, 노예는 반대로 지질하고 낮은 정신의 소유자 정도로 생각하면 돼요. 참고로 전복은 먹는 전복이 아니라 뒤집어엎는다는 뜻의 전복(顚覆)입니다.

자, 주인들의 도덕은 '좋음(good)'과 '나쁨(bad)'이라는 두 가지 요소로 구성됩니다. 왜 좋은지 머리를 싸매고 생각하지 않아도 그냥 좋은 게 드러나는 것, 이것이 니체가 말하는 좋음이에요. 건강하고, 강하고, 탁월하고, 긍정적으로 흘러넘치는 가치죠. 나쁨은 그 반대라고 생각하면 됩니다.

반면에 노예들의 도덕은 좋음과 나쁨이 아니라 선(good)과 악(evil)으로 구성돼요. 주인들의 '좋음'이 신발짝처럼 뒤집혀서 '악'으로, 주인들의 '나쁨'이 빈대떡처럼 뒤집혀서 '선'으로 바뀌는 게 특징입니다. 뛰어난 게 별로 없는 노예들은 삶도 대체로 고달프기 마련이겠죠. 그런 힘겨운 삶 속에서 위안을 찾을 방법을 모색하는데, 그것이 바로 '가치의 전복'이에요. 쉽게 표현하면 말의 의미를, 즉 그 안에 든 가치를 뒤집는다는 거죠. 나의 약함은 못난 게 아니라 사실은 성스럽고 귀한 것이며, 내가 참고 순종하며 견디는 것은 억압을 받는 게 아니라 진정한 자유라는 식의 생각을 말합니다. 즉 노예들은 주인들의 자신감이나 찬란한 자기 긍정을 몹쓸 것, 건방지고 무모한 것이라며 '악'의 굴레를 씌우고, 자신들이 어쩔 수 없이 참고 견디었던 태도를 인내, 겸손과 겸허 등의 이름으로 포장해서 '좋은 것', 더 나아가 '선한 것'으로 내세우는 거죠. 쉽게 말해서 가치 전복은 '정신 승리'에 가까워요. 탐스런 포도나무 밑에서 폴짝폴짝 뛰어 보다가 포기하면서 '내가 점프를 못해서 그런 게 아니고 그냥 저 포도가 시어서 안 먹는 거야.' 하고 생각하는 여우 같은 거죠.

아까 니체가 기독교를 비판하는 이유는 이런 '주인 도덕과 노예 도덕 사이의 가치 전복'의 핵심 사례가 기독교이기 때문이라고 했죠? 그의 주장에 따르면, 기독교는 집단 최면을 통해 빛나는 내세를 만들어 두는 대신에 현실의 삶을 너무 고달프게 만들어 놓았다고 합니다. 좋은 것들은 전부 내세로 미뤄 놓고, 참고 견디고 순종하면 결국 죽어서 그것들을 누릴 거라고 약속한다는 거예요. 즉, 현생에서는 자기 자신에 대한 끝없는 학대(원죄 의식이라든가 금욕주의)를 행하면서 이것이 바로 선이며 자유라는 착각 속에 빠져 있다는 겁니다. 그간 인간 이성이 쌓아 온 자유의지라는 것은 사실 이런 허위의식을 내가 스스로 선택했다는 자학적 착각에 불과한 거라고 니체는 일갈해요.

니체가 "신은 죽었다"고 선언하는 이유가 여기 있습니다. 신의 죽음은 단지 종교로서의 기독교의 몰락을 의미하는 것이 아니에요. 인간이 신처럼 떠받들어 온 모든 것들, 즉 서구의 전통적 가치와 권위들, 삶의 의지를 억압하는 그 모든 왜곡된 가치를 폭로하고 비판하는 것이죠. '신의 죽음'이라는 선언은 그러므로 단순히 가벼운 무신론의 선언이 아니라, 수천 년간 쌓아 온 인간의 이성과 도덕률에 대한 묵직한 도전이었던 것입니다.

신의 자리에 인간을

니체는 그렇게 신으로 상징되는 모든 억압적인 도덕과 권위가 무너진 자리에 인간을 가져다 놓습니다. 위버멘쉬(Übermensch)라는 이상한 단어를 들어 본 적이 있나요? 드라마 〈SKY 캐슬〉을 본 친구들이라면, 독서 토론회에서 예서가 자기도 위버멘쉬가 되겠노라며 잔망스러운 주장을 펼치는 장면을 기억할지도 모르겠군요(어려워서 대학원생도 읽기 힘들어하는 책을 고등학생들이 이해하고 토론하는 모습에 입이 떡 벌어져 '그래 너 위버멘쉬 해라' 소리가 절로 나오는 장면이었습니다). 위버멘쉬는 말 그대로 '뭔가를 넘어선(über, 영어로 over) 사람(Mensch, 영어로 man)'을 말합니다. 우리를 둘러싼 기존의 통념이나 도덕을 뛰어넘어 새로운 가치를 긍정적으로 창조해 내는 사람. 신과 같은 초월자나 절대자 없이도 스스로 건강하고 의미 있게, 그리고 행복하게 살아갈 수 있는 주인(主人)으로서의 인간을 말해요.

1883년에 펴낸 소설 『차라투스트라는 이렇게 말했다』에서 니체는 인간의 정신이 세 단계를 거쳐야 한다고 주장하는데, 이것이 바로 널리 알려진 '낙타와 사자, 그리고 어린아이'의 비유입니다. 낙타는 가장 밑바닥의 노예 같은 존재예요. 자기 것도 아닌 남의 짐을 짊어지고 땀을 뻘뻘 흘리며 힘들게 살아가는 사람들. 사실 대부분이 낙타 같은 삶을 살지요. 하지만 그 가운데서 "왜?"를 질문하는 사람들이 있습니다. 내가 왜 이런 짐을 지고 살아야 하는지, 왜 이런 구속을 따라야 하는지, 세상 곳곳에 물음표를 던지는 이들이 있는 거죠. 이런 의심과 반성적 성찰을 통해 나를 짓누르는 무거운 짐을 훌훌 내던져 버리는 사람, 그래서 바람 같은 자유를 얻은 사자로 한 단계 고양되는 사람들이 생겨납니다.

하지만 큰 소리로 불호령을 내리며 세상을 향해 "No!"를 외치는 사자에서 멈춘다면 세상 모든 것에 엑스 표를 그리는 엑스맨이 되거나 세상만사를 부정하는 허무주의자가 되기 쉽겠죠? 파괴와 부정의 정신에 머무르지 않고, 다시 만물을 유쾌하고 성스럽게 긍정하는 어린아이의 단계로 한 차원 더 나아가야 하는 거예요. 파도에 허물어지더라도 깔깔 웃으며 또다시 모래성을 쌓아 올리는 아이, 생을 온몸으로 감각하며 긍정적으로 뭔가를 끊임없이 창조하는 어린아이 같은 존재로 바뀌어야 하는 겁니다.

이것이 바로 니체가 말하는 위버멘쉬의 전형이에요. 신은 죽었으므로 신의 위치를 향해 스스로를 드높이는 삶을 살라는 거지요. 그래서 니체는 모든 사람들이 위버멘쉬가 되라고, 아이가 되라고 말합니다. 김연자 이모의 '아모르 파티(Amour fati, 운명을 사랑하라)'처럼 내 삶을 사랑하면서 건강한 몸과 마음으로 지금 내게 주어진 생을 벅차게 사는 존재, 그들이 바로 위버멘쉬예요. 삶이란 것은 사실 끊임없는 파도에 부서지는 모래성 같은 것입니다. 내가 애써 만든 모래성이 무너졌다고 좌절하지 않고 다시 즐겁게 쌓아 올리는 아이, 친구를 데려와서 다른 방식으로도 쌓아 보고 또 무너지면 깔깔 웃는 아이. 그런 아이처럼 사는 삶, 꽤 아름답고 멋있지 않나요?

기적을 일으키는 능력은 우리 안에

마지막으로 〈브루스 올마이티〉(2003)라는 영화에서 인상 깊었던 대사를 여러분에게 전하고 싶어요. 이 작품은 "평범한 인간이 신이 된다면?"이라는 발상에서 출발한 아주 재미있는 코미디 영화인데요, 거기에서 신이 이렇게 말합니다.

> "수프를 가른 건(영화에서는 빨간 토마토 수프를 홍해처럼 가르는
> 코믹한 장면이 등장합니다-저자) 기적이 아니고 속임수 마술에
> 불과해. 투 잡(two jobs)을 뛰는 미혼모가 아이를 축구
> 시합에 보내려고 없는 시간을 짜내는 게 기적이야. 10대
> 청소년이 마약을 거부하고 공부를 한다면 그게 기적이지.
> 사람들은 기적을 일으키는 능력을 지니고도 그걸 까먹고
> 나한테 소원을 빌어. 기적을 보고 싶나? 자네 스스로
> 기적을 만들어 보게."

마법(magic)과 기적(miracle)의 차이, 느껴지나요? 영화 속 신은 거듭 말해요. 기적을 만드는 건 신이 아니라 인간이라고, 기적을 행하는 것은 누구나 가능하다고. 우리가 마법을 쓰지는 못하지만, 기적을 만드는 힘은 우리에게 있습니다. 사실 이 논리에 따르면

신은 기적을 행할 필요도, 이 세상에 개입해 능력을 과시할 이유도 없어요. 이 영화는 결국 세상에서 신이 사라져도 큰 문제는 없다는 결론을, 그 누구도 아닌 신의 입을 빌려 표현하고 있죠.

지금껏 길게 한 이야기는 신이 없어져야 된다는 말이 결코 아닙니다. 신이 있으면 더 아름답고 좋은 세상이 될 수도 있겠지만, 인간은 일단 스스로의 힘으로도 그럭저럭 멋지게 살아갈 수 있는 존재들이라는 거예요. 참고로 니체 역시, 비록 기독교에는 망치를 들고 덤볐지만 예수님 앞에는 꽃을 놓습니다. 한 인간으로서 모든 것을 지고 십자가에 매달린 예수님의 고통은 니체에게는 정말 큰 존경의 대상이었거든요. 니체는 인류 역사상 진정한 크리스천은 단 한 사람이었고 그는 바로 십자가에 매달려 죽었다고 말합니다. 그러나 그로 인해 만들어진 천국의 이야기를 잘못 믿으며 한평생 지옥 불에 떨어지지 않을까 안절부절못하는 대다수 인간들의 삶은 나약하고 우매하다는 것이죠. 그러니 인간의 단단한 힘을 깨닫고 각성하라는 겁니다. 기적을 행하는 신과 같은 힘은 우리 안에 있으니, 현생을 아름답고 치열하게 살라는 것이죠.

거듭 강조하지만 기적을 일으키는 능력은 우리 안에 있습니다. 수능 시험에서도, 여러분의 삶에서도, 기적을 만들어 보세요. 진심으로 응원하겠습니다. 여러분이 간절히 원하는 일에서 좋은 결과를 얻기를, 어떤 결과가 나오든 부디 모래성을 쌓는 아이의 마음을 기억하기를, 그렇게 내게 주어진 생을 사랑하기를.

삶을 구원하는 음악

쫌
우아한
철학자의
조언

**지옥 같은 삶에서 구원을 위해 음악을 들으라고 했던
철학자가 있다고요?**

여러분, 제발 귓구멍에서 그놈의 이어폰 좀 빼라는 말 자주 듣죠? 그럴 때마다 당당히 방패처럼 빼 들 수 있는 철학자가 있습니다. 바로 쇼펜하우어예요. 본문에서 말했듯이 쇼펜하우어는 예술적, 도덕적, 금욕적인 방법으로 우리의 좌절과 고통을 극복해 나가자고 말하는데요, 특히 지옥 같은 삶에서 스스로를 구원하기 위해 음악을 들으라고 해요.

쇼펜하우어에 따르면 우리는 음악·미술·문학 같은 예술을 통해 고통스러운 삶에서 일시적으로나마 해방되는 경험을 할 수 있는데, 특히 음악은 현상계를 초월하는 예술의 형태라고 합니다. 다른 어떤 예술 장르보다 강력하며 꿰뚫는 힘을 가진 것이 음악이고, 다른 예술이 그림자에 불과한 것을 이야기할 뿐이라면 음악은 본질에 가까운 것을 표현한다고요. 그래서 음악은 "이 세상을 가사로 하는 멜로디"이자 "심장의 보편 언어"라고 해요. 실제로 쇼펜하우어는 플루트 연주 실력이 뛰어났고, 연습도 게을리하지 않았다고 합니다. 플루트는 쇼펜하우어가 힘들 때마다 곁을 지켜 준 좋은 친구였다고 해요.

　우스갯소리로 음악을 '국가가 허락한 유일한 마약'이라고도 하는데, 우리는 콘서트홀에서 오케스트라의 연주를 들으며 몸이 붕 떠오르는 것 같은 황홀감을 느끼기도 하고(저는 요요마의 첼로 연주를 들었을 때, 꼭 별가루가 떨어지는 것 같던 그 감동을 잊지 못합니다), 재즈나 힙합을 들으면서 그 순간만큼은 모든 것을 잊고 몰입하는 경험을 하기도 합니다. 악기 연주를 할 줄 아는 친구들이라면, 음악을 연주하는 순간의 신명과 기쁨이 일순간이나마 내 모든 걱정과 스트레스를 날려 주는 걸 느끼기도 할 거예요. 공자도 제나라에서 소(韶)라는 순임금 시대의 음악을 듣고 너무나 좋았던 나머지 3개월간 고기 맛을 잃을 정도였다고 합니다. 공자에게 음악은 잡기(雜技)가 아니라 학문의 완성에 가까워요. 국영수를 늘리느라 음악 시간을 없애는 한국 고등학생의 수업 시간표를 본다면 공자는 분명 얼굴을 찌푸릴 겁니다. 아는 것보다는 좋아하는 것이, 좋아하는 것보다는 즐기는 것이 낫다는 자신의 말처럼 공자는 음악을 즐겼지요. 물론 이런 미적 순간은 일시적이긴 하지만, 이런 것마저 없다면 이 세상은 훨씬 더 만만치 않겠죠?

　인간의 삶이 고통이고 지옥이라면, 인생이라는 소음에서 음악을 들을 수 있는 존재가 인간인 것입니다. 귓구멍에서 제발 그 이어폰 좀 빼라는 어른이 있다면, 이제부터 쇼펜하우어를 들이밀어 보면 어떨까요? 저는 무엇보다도 나 한 사람을 잘 살피는 일이 결국 세계를 구원하는 일이라고 믿어요. 음악도 좋고 미술도 좋고 글쓰기도 좋아요. 여러분이 각자의 방법으로 자신을 구원할 무언가를 찾아낼 수 있기를 응원합니다.

DECEMBER
12

익숙함과
새로움

다시, 새로운 출발을 앞둔 너에게
플라톤과 **소크라테스**가 건네는 응원

12월의 상담

벌써 또 한 해가 저무네요. 익숙한 곳을 떠나서
다른 세상으로 나가기가 조금은 두려워요.

익숙한 것과 헤어지는 일

벌써 한 해가 저물어 갑니다. 여러분의 시간은 어떤 속도로 흘렀는지 모르겠군요. 도통 시간이 안 가서 지루했는지, 아니면 눈 깜빡하니 눈앞에 냅다 12월이 배송되어 있었는지요. 공기 중에는 크리스마스의 온기가 묻어나고, 한 해를 접으며 이런저런 생각에 잠기게 되는 12월입니다. 겨울로 시작한 이번 해였는데, 또다시 새로운 겨울로 다음 해를 맞게 되네요.

계절이란 매해 돌아오지만 매번 낯선 시간인 것 같아요. 익숙해진 여름에서 낯선 가을을 만나고, 가을의 껍질 안에서 익숙해지면 또 낯선 겨울을 만나고요. 그렇게 새로운 시간을 받고, 또 시간을 잃어 가는 우리입니다. 오은 시인은 「계절감」(『유에서 유』, 2016)이라는 시에서 "미련이 많은 사람은 / 어떤 계절을 / 남보다 조금 더 오래 산다"라고 썼는데, 우리의 12월은 아마도 1년 가운데 가장 미련이 많은 달 아닐까요? 지키지 못한 계획, 후회가 남는 시간, 흘려보낸 기회들. 이렇게 한 해를 또 보내다니, 아직 마음의 준비가 안 된 것 같고 당황스러운 마음이 듭니다. 사실 별다를 것 없

212

는 어제와 오늘인데, 그 사이에 새로운 해가 가로질러 들어가 작년과 새해로 나뉘다니 기분이 이상하기도 해요.

어떤 마음으로 새로운 해를 준비하고 있나요? 여러분은 대체로 학생일 테니, 아마 다수는 새로운 곳에서 또 새롭게 공부를 지속하겠죠? 설레기도 하지만 걱정스럽기도 할 거예요. 익숙한 환경에서 벗어나 새로운 시공간에 놓이는 일은 아무래도 불안과 긴장이 따르는 일입니다. 익숙한 것과 헤어지는 건 어른들에게도 쉽지 않은 일이니까요. 아니, 나이가 들수록 오히려 익숙함에 안주하고 싶은 마음을 갖는 듯도 해요. 이번 글에서는 익숙한 곳을 떠나 새로운 곳으로 나가기 두려운 친구들에게 플라톤과 소크라테스, 두 할아버지의 응원을 전하려고 합니다.

플라톤의 동굴

플라톤의 '동굴의 우화'를 들어 보았나요? 플라톤은 자신의 스승인 소크라테스가 정의(正義)에 관해 사람들과 나눈 긴 문답을 책으로 남겼는데, 그것이 바로 앞서도 몇 번 등장했던 『국가』라는 두꺼운 벽돌 책입니다. 질문이 많기로 이름난 스승님의 끈질긴 대화 내용을 제대로 담으려면 도저히 얇을 수가 없겠죠? 동굴의 우화는 이 책 7장에 들어 있는 유명한 이야기입니다. 우선 이 우화를 간략히 설명해 볼게요.

　소크라테스는 이런 가정을 해 보자고 제안합니다. 지하 동굴이 하나 있는데, 여기에는 태어나서부터 줄곧 사슬에 묶여 벽 쪽만 바라보게 되어 있는 사람들이 살고 있다고요. 그들 뒤에는 멀찌감치 떨어진 곳에 커다란 횃불이 타고 있습니다. 사람들과 불 사이에는 길이 하나 나 있고, 그 길을 따라 담장이 서 있어요. 누군가 담장 위로 물건이나 인형 같은 것을 들어올리면 어떻게 될까요? 벽에 그림자가 생기겠지요? 여러분이 어렸을 때, 밤에 촛불이나 손전등을 켜 놓고 그 앞에서 손으로 토끼나 늑대를 만들며 놀던 경험을 떠올리면 좋겠어요. 이렇게 누군가 그림자극을 하듯 벽에다 이미지를 만들어 내고 소리도 내는데, 동굴 속 사람들은 사슬로 묶였기 때문에 뒤에서 무슨 일이 일어나는지 알지 못합니다. 그저 벽에 나타나는 그림자를 볼 뿐이죠. 묶여 있는 사람들은 그 가상의 이미지, 즉 그림자라는 허상을 진짜인 줄 알고 평생을 살아갑니다.

　이런 상황에서 간혹 사슬에서 풀려나 출구를 발견해서 동굴을 나가는 사람들이 있어요. 평생 동굴 안에만 있다가 밖에 나가면 어떨까요? 일단 눈이 아프겠죠? 어두컴컴한 동굴 속 밝기에 익숙하기 때문이지요. 아마 추위나 더위를 느낄 수도 있을 거예요. 지하 동굴 속은 아늑하고 따뜻했을 테니까요. 하지만 이렇게 눈이 멀 것 같은 태양 빛과 새로운 온도에 적응하느라 괴로워하면서도,

이들은 진실을 향한 탐구를 멈추지 않습니다.

　소크라테스는 이런 사람들을 철학자라고 해요. 이렇게 밖으로 나가 태양을 보게 된 사람들은 동굴 속에서 허상을 믿고 살아가는 사람들에게 진짜 세상을 알려 주고 싶어 합니다. 하지만 평생 그림자만 보며 살아온 동굴 속 사람들은 포근하고 익숙한 동굴을 벗어나려 하지 않아요. 오히려 벽에 비친 허상을 실재보다 더 실재적인 것으로 믿지요. 따라서 내가 믿는 것이 틀렸다고 말하는 사람들, 즉 동굴이라는 나의 안온한 세계를 흔들며 새로운 가르침을 설파하려는 이들을 조롱하며 위협해요.

　이것이 스승 소크라테스의 입을 빌려 플라톤이 우리에게 건네는 동굴 이야기입니다. 영화 〈매트릭스〉(1999)를 본 적이 있다면, 이 영화에도 동굴의 우화가 깊이 스몄다는 사실을 깨닫게 될 거예요. 주인공 네오 역시 매트릭스를 벗어나 진짜 현실을 직면한 뒤, 목숨을 걸고 되돌아가서 사람들에게 진실을 알리고 매트릭스를 파괴하려 하죠. 네오가 그랬듯이 편안하고 익숙했던 동굴 속 세상을 벗어나 진실을 알게 되는 것은 힘들고 고통스러운 일입니다. 병아리가 알을 깨고 나가는 일과 같지요. 내 힘으로는 벅차고 부리도 얼얼하겠지만 껍질을 깨고 밖으로 나가야 비로소 내가 살 세상, 내가 놓인 참된 현실과 마주하게 되는 것입니다.

✦✦
동굴 밖에서 만나는 것들

누군가 보여 주는 것만 보고 그것을 철석같이 믿으며 지낸 경험이 여러분에게도 있는지 궁금합니다. 저는 1980년대에 초등학교를 다녔는데(네, 아득한 옛날 사람입니다) 그때는 도덕 교과서에 북한 사람들을 주로 늑대로 그려 놓았어요. 그래서 당시에는 북한 사람들이 정말로 늑대 인간인 줄 아는 어린이가 많았답니다. 믿기 힘들죠? 아마 비슷하게, 북한에서는 아직도 많은 사람들이 대한민국에 관한 잘못된 선입견을 가지고 있지 않을까요?

여러분과 조금 가까운 예를 들어 볼게요. 알고 보면 우리도 플라톤의 동굴 속 사람들과 크게 다르지 않습니다. 현대인은 스스로 소파에 묶여 머리를 스크린에 고정한 채, 누군가가 보여 주는 이미지를 소비하며 많은 시간을 보내고 있어요. 소녀들은 오랜 시간 화면에서 보아 온 여성들의 마른 몸이 아름답다고 믿기에, 그렇지 않은 몸을 비웃고 자신의 몸을 저주합니다. 표준 체중임에도 불구하고 뚱뚱하다고 믿으며 스트레스를 받죠. 우리 사회를 경악하게 만드는 사이비 교주들과 그 집단의 이야기도 동굴의 구조와 강도만 다를 뿐, 동굴이라는 본질은 비슷해요.

그런 동굴을 벗어난 사람의 기분을 상상해 보세요. 처음에는 거부감이나 거리감이 들 수도 있을 겁니다. 오랫동안 당연하게 믿어 온 세계가 무너지는 것은 그리 간단하거나 행복하기만 한 일은 아니니까요. (귀엽고 예쁜 동굴이지만, 여러분이 산타 할아버지의 진실을 알게 되었을 때를 떠올려 보세요. 아직 산타를 믿는 친구들이 있다면, 여러분의 생각이 무조건 맞습니다!) 하지만 진실을 알게 되는 과정에서의 반성과 후회가 우리를 부쩍 키우고, 진실을 만날 때의 카타르시스가 우리를 기쁘게 합니다. 여러분은 평생 동굴 속에 묶여 지내고 싶은가요, 아니면 조금 힘들고 괴로워도 신선한 바람과 밝은 햇빛 속에 자유롭게 서 있는 사람이 되기를 바라나요?

물론 모든 익숙한 것들이 다 플라톤의 동굴은 아닐 거예요. 우리에게 안식을 주는 편한 공간, 힘들 때 에너지를 충전하는 내 몸에 잘 맞는 집밥, 이런 종류의 익숙함은 우리 삶의 필수적 요소입니다. 익숙함이 잘 포개어지면 안정감이 되고, 우리는 거기에서 슬픔이나 고난을 버텨 낼 수 있는 힘을 얻게 되니까요. 그러므로 모든 익숙함을 타파하라는 말이 아니에요. 익숙함 그 자체를 부정적으로 보자는 것도 아닙니다. 다만 내가 안주하고 있는 곳이, 그 익숙함 때문에 내 눈을 흐리고 있는 건 아닌지 경계할 필요가 있다는 말이죠. 익숙함은 무척 힘이 세거든요.

예를 들어 룰루 밀러Lulu Miller의 2021년 작 논픽션『물고기는 존재하지 않는다』를 언급해 볼까요? (스포일러가 될 수 있으니 이 책을 제대로 읽고 싶은 친구들은 이 단락을 얼른 손으로 가리고 다음 단락으로 넘어가기 바랍니다.) 아름답고 비유적인 제목 같지만 이 책의 가장 큰 스포일러는 바로 제목이에요. 어류라는 분류 체계는 타당한 생물학적 범주로서 존재하지 않는다고 합니다. 하지만 이 관념은 학계 밖으로는 도저히 퍼져 나가지 않는다고 해요. 사람들은 직관을 사랑하기 때문에, 물속에서 지느러미로 헤엄치며 사는 길쭉한 유선형의 생물은 단순히 어류라고 생각하는 거죠. 오랫동안 가져 온 믿음과 편안함, 익숙함을 진실과 맞바꾸는 것을 싫어하기 때문이에요.

소크라테스는 동굴 밖으로 나간 사람이 당장은 진짜를 볼 수 없다고 합니다. 동굴에서 갓 나온 사람의 눈에 태양 빛이 가득 차면 눈이 부셔 그 무엇도 볼 수 없겠지요. 동굴 밖 세상에 무엇이 있는지 보려면 또다시 '익숙해짐'이 필요하다고 그는 말해요. 먼저 그림자들을 보고, 다음으로는 물속에 비친 상(像)을 보고, 실물은 그런 뒤에나 보고, 더 나아가서야 밤의 별빛과 달빛을, 그리고 결국 햇빛을 보는 겁니다. 오랫동안 쌓은 믿음이 견고해서 부수기 어렵겠지만 천천히 조금씩 부수어 나가는 거죠. 그렇게 새로운 것에 익숙해지는 시간을 통해 결국 지혜에 도달하면, 우리는 거기에서 행복을 느낀다고 소크라테스는 말해요. 그러고 보면 우리 삶은 나를 둘러싼 껍질을 깨고 나가서 낯선 세상에 또다시 익숙해지는 일의 반복인지도 모르겠어요.

✦ 새로움과 익숙함

여러분은 진보와 보수라는 단어를 알죠? 나는 조금 보수적인 성향이야, 나는 진보적인 가치관을 가졌어, 이렇게 스스로를 평가하기도 할 거예요. 이번 이야기의 주제인 익숙함과 새로움은 진보와 보수라는 단어와도 깊이 연관됩니다. 우리나라의 경우 보수와 진보의 정치사회적 지형이 다소 엉뚱하기도 하고 말 자체도 굉장히 경직되어 있지만, 사실 이 두 단어가 담는 내용은 그렇게 흑백이나 빨강·파랑 같은 단순한 색깔로 구별되는 것은 아니에요.

정치철학에서 말하는 보수에도 진보에도 여러 가지 갈래가 있지만, 아주 쉽게 말하자면 보수는 대체로 익숙함과, 진보는 새로움과 관계된 것입니다. 흔히 우리는 둘 중 어느 한쪽이 옳다고 말하며 상대를 비난하기 일쑤지만, 진정 보수다운 보수나 진보다운 진보에 대한 이해가 없는 상황에서 이런 비난을 하는 경우가 많아요. 여기에 진보와 보수에 관한 깊이 있는 이야기를 담기는 어렵겠지만, 쉬운 말로 조금 풀어 보겠습니다.

우리에게 조금 더 부정적인 이미지가 강한 보수에 대한 이야기를 중점적으로 해 보면 좋을 것 같군요. 일단, 보수는 어떤 일반적이고 합리적인 이론이라기보다 경향이나 특성이라고 생각하면 좋아요. 그것이 나은 방향이기도 하고요. 마이클 오크숏Michael

Oakeshott이라는 20세기 영국 철학자는 어떤 경향이나 태도, 기질로서의 '보수적인 것(to be conservative)'을 신념이나 주의(主義, doctrine)로서의 '보수주의(conservatism)'와 구분하고 전자를 옹호하는데, 이 말이 너무 어렵다면 이렇게 생각하면 좋습니다. '보수주의적 태도'는 '보수주의'보다 여러모로 현명하고 유용할 거라는 거죠. 보수주의를 어떤 신앙처럼 붙들고 내 삶을 관통하는 이론으로 만들기보다, 어떤 문제를 접근하는 태도로서 '보수적'일 수 있다면 그게 더 좋을 거라는 말이에요.

전통적 보수는 인간의 이성적 사고가, 합리적 추론이 반드시 세상을 아름답고 행복하게 만드는 것은 아니라는 입장입니다. 진보는 대체로 우리 사회에 어떤 청사진(blueprint, 원뜻은 계획이나 도면에 관련된 말입니다)을 제공하는 입장이에요. 세상에는 더 나은, 올바른 방향이 있다고 믿으며 우리가 그리로 힘을 합쳐 나가야 한다는 쪽이죠. 하지만 보수는 이런 종류의 옳고 그름을 반기지 않습니다. 뭔지 모를, 그래서 불안한 미래적 유토피아의 청사진보다는 인류가 그동안 구불구불 걸어온 모순 가득한 역사를 살펴보는 쪽이 낫다는 거죠. 어떤 도면이나 프로그램 같은 목표 없이 세상의 아름다운 모순들을 바라보고 다양성을 즐기자는 입장이므로, 원래는 중앙집권적 플래닝에 반대하는 태도를 가집니다. 집중화·중심화(centralization)를 경계하고, 주변부와 가치 다원주의를 소중하게 여기는 것이 전통적인 보수예요. 보수주의자들은 기본적으로 단절이 아닌 연속성에 높은 가치를 두고, 일상이 익숙하게 꾸준히 이어지는 쪽을 선호합니다. 그러므로 예측 가능성과 질서를 중요하게 여기고 도덕성에도 진지한 태도를 가지죠. 어때요, 우리가 알고 있는 보수의 모습과는 꽤 다르지 않나요?

낡은 것을 부수고 새로 만들기 위해 손에 든 망치가, 낡은 것 안에 든 오랜 가치를 훼손할 수 있다는 보수의 경고는 꽤 중요하고 묵직합니다. 예를 들면 18세기 말 프랑스혁명의 시대를 떠올려 보면 어떨까요? 소수의 왕족과 성직자, 귀족들이 권력과 부를 독점하고 민중을 고통 속에 몰아넣었던 당시 프랑스의 불평등한 사회체제는 반드시 손보아야 할 것이었지만, 구체제를 부수기 위해 손에 든 망치의 힘이 너무 강력했던 나머지 프랑스는 이후 엄청난 혼란과 격변의 시기를 겪습니다. 혁명 세력은 시간과 공간의 틀까지 새롭게 바꾸고 싶었기에, 비합리적으로 보이는 기존의 제도와 관행을 일거에 쓸어버리고 싶었을 거예요. 그러나 이런 상황을 이웃에서 목도한 영국 철학자 에드먼드 버크Edmund Burke는 『프랑스혁명에 관한 성찰』(1790)이라는 책을 통해 급진적 혁명의 위험성을 논하고, 이런 혼란이 결국 폭력과 군사독재로 이어질 것이라고 예견합니다. 인간을 겹겹이 둘러싸고 있던 그 모든 사회적 씨줄과 날줄을 '해방'이라는 이름하에 모두 끊어 놓는다면, 결국 개인은 중앙 권력에 직접적으로 노출될 위험에 처한다는 것이죠. 그러므로 버크는 이성으로 설명되지 않는 익숙한 관행들이나 역사 속에서 자라난 제도들이 사실 어떤 기능을 해 왔는지에 관한 성찰을 촉구하고, 기존의 것을 존중해야 한다고 주장합니다. 변화는 필요하되, 절제와 균형에 관한 고려가 필요하다는 버크의 주장은 이후 서구 보수주의의 정신적 토대를 이루게 되죠.

사실 새로움만큼이나 익숙함도 중요하고 아름답습니다. 익숙함은 선악이라든가 옳고 그름, 효용이나 효율 같은 것을 넘어서는 차원의 가치를 지니기도 해요. 첨단 기술이 탑재된 태블릿에 수백 권의 전자책을 넣어 시시때때로 펼쳐보는 간편함이 좋다고는 해도, 어린 시절의 손때가 묻은 낡은 책부터 내가 이런저런 메모도 하고 포스트잇도 붙여 놓은 최근의 책까지 모두 친구처럼 모여 있는 책장을 바라볼 때의 기분은 그런 기술로 얻기 힘든 것이니까요. 밀키트나 인스턴트식품이 간편하고 맛도 좋을 수 있겠지만, 우리 집 주방에서 익숙한 레서피로 오랜 시간 재료를 고르고 다듬고 익히고 기다려서 요리를 만드는 과정에서는 또 다른 중요한 가치들을 얻을 수 있는 겁니다.

그러므로 저는 여러분이 익숙함과 새로움을 모두 소중히 여기고 그 안에 충분히 머물기를 바라요. 익숙함 속에서 소중하게 가져갈 가치를 찾아내고, 새로움 안에서 탐험하기를 즐기는 사람이 되었으면 좋겠습니다. 다시 말하면 시선을 고루 두자는 말이죠. 너무 저 앞에 놓인 것에만 시선을 두지 말고, 고개를 돌려 내가 지나온 것에도 다정한 눈길을 주면 좋겠어요. 그리고 무엇보다 바로 눈앞에 놓인 것을 찬찬히 바라보고 즐길 수 있기를 바랍니다. 그렇게 진보적이면서도 보수적인 태도를 가진 균형 잡힌 사람으로 자라면 좋겠어요.

✦ 새로움이라는 불안에 축복을

동굴을 나오는 것도 좋고 진보와 보수도 다 좋은데, 새로운 곳에 놓이는 것은 여전히 불안하다고요? 여러분 마음 충분히 이해합니다. 저는 미국 유학길에 오르면서 참 많이 울었답니다. 비행 시간만 거의 하루 가까이 되는 먼 길을 떠나야 하다니. 꿈꾸던 유학이었지만, 서른 가까운 나이에 그간의 익숙한 세계를 벗어나 새로운 세상에 혼자 놓이는 일은 정말이지 만만치 않았거든요. 사랑하는 모든 것과 떨어져 작고 컴컴한 기숙사 방에 덩그러니 앉아 있던 그때의 기분이 아직도 생생하네요. 하지만 소크라테스가 말했듯, 새로움에도 결국 익숙해지더라고요. 새로움이라는 불안에 관해서라면 시간은 분명 우리를 도와줍니다. 적응하느라 좌충우돌했고 또 많이 울었지만, 그때 떠나지 않았더라면 저의 모습은 지금과는 많이 달랐을 거라고 확신해요. 그래서 불안 속에서도 용기를 내 준 당시의 저에게 고마워하고 있답니다.

우리가 새로운 세상으로 나가는 것을 불안해하는 이유는 뭔가를 잘하고 싶기 때문일 거예요. 내가 원하는 것, 누군가 나에게 기대하는 것을 멋지게 해내고 싶기 때문이겠죠. 그러나 기대가 크면 실망도 크게 마련이고, 그럴수록 불안은 부정적인 감정을 먹고 토실토실 자라날 겁니다. 그럴 때는 볼테르의 시 한 구절을 되새겨 보면 좋겠군요. "잘하려는 것의 적은 가장 잘하려는 것이다(Le mieux est l'ennemi du bien)." 볼테르의 말을 조금 비틀자면, 저는 사실 꼭 잘하려고 할 필요도 없다고 생각합니다. 그저 여러분이 할 일을 하면 돼요. 새로운 곳이니 모르는 게 많을 텐데, 그러면 궁금한 것에 질문을 던지기 바랍니다. 꼭 답을 찾으려는 생각을 하지 않아도 좋아요. 그저 꾸준히, 질문을 던지는 겁니다. 요약하면 두 가지예요. 꼭 잘하지 않아도 좋으니 내가 할 일을 하는 것, 그리고 답을 찾지 않아도 좋으니 부지런히 질문을 던지는 것.

"나쁜 질문을 던지면 답을 찾아낸다 해도 그다지 멀리 가지 못하게 되지만, 좋은 질문을 던지면 끝내 답을 못 찾더라도 답을 찾는 와중에 이미 멀리까지 가 있게 된다." 신형철 문학 평론가가 『정확한 사랑의 실험』(2014)이라는 책에서 쓴 말입니다. 한 해 동안 우리는 작심삼일(作心三日)을 탈출하는 법에서부터 비교의 사슬을 끊는 법, 함께 사는 사회에서 서로의 이름을 부르는 일의 중요성에 관해 생각했고, 사랑, 웃음, 공부, 성별, 정의(正義), 인간의 본성, 신(神)과 인공지능에 이르기까지 다양한 주제를 고민했습니다. 그달 그달의 질문이 쌓여 여러분을 어디로 이끌었는지, 여러분은 지금 어디에 서 있는지 한번 돌아보세요. 비록 마음에 드는 답을 찾지 못했더라도, 질문의 힘만으로 여러분은 상당히 먼 곳까지 도달했을 거라고 믿습니다. 신기한 것을 찾지 말고 당연한 것을 질문하세요. 거기에서 신기함이 또다시 새롭게 피어날 겁니다. 다다이즘과 초현실주의로 널리 알려진 프랑스 시인 폴 엘뤼아르 Paul Éluard는 "다른 세계는 있지만, 그것은 이 세계 안에 있다."라고 말했거든요.

여러분은 책상에 앉아 답을 쓰고 오답을 골라내는 일을 반복적으로 하고 있겠지만, 책상을 벗어난 세상에는 사실 정답이 없는 일들이 많습니다. 제가 여러분에게 마지막으로 드리고 싶은 말도, 세상일에는 대체로 정답이 없다는 거예요. 이 세상과 이 사회가 정답이라고 우기는 것들이 있겠지만, 그건 그들 생각일 뿐입니다. 게다가 우리는 자주 틀려요. 앞서 언급한 책『물고기는 존재하지 않는다』는 우리가 이 세계를 거의 이해하지 못하고 있다는 사실을 충격적으로 밝히면서 이렇게 언급합니다.

> 우리는 전에도 틀렸고, 앞으로도 틀리리라는 것. 진보로
> 나아가는 진정한 길은 확실성이 아니라 회의로, "수정
> 가능성이 열려 있는" 회의로 닦는다는 것.
> — 룰루 밀러, 정지인 옮김, 『물고기는 존재하지 않는다』(곰출판, 2021), 250쪽

그러므로 정답이 없는 세상에서 그나마 나를 이끄는 힘은 끊임없는 생각과 질문이라는 것을 믿어 보세요.

한 해 동안 많은 질문을 던지고 답을 찾아보느라 애썼습니다. 이번 글의 첫머리에 나이와 익숙함의 관계를 언급했죠? '푸른 봄'이라는 뜻의 청춘(靑春)인 여러분은 겨울에도 봄입니다. 나이에 관해서는 세상 그 누구도 부럽지 않을 특권층이죠. 뭔가를 시작하기에 나는 이미 늦은 게 아닐까, 이리로 가기엔 내가 지나온 길이 이미 글러 먹은 게 아닐까 걱정하는 친구들을 더러 봅니다. 글쎄요. 청춘들은 원래 청춘의 힘을 제대로 자각하지 못한다는 페널티가 있는 듯합니다. 꿈에 관한 한, 단언컨대 여러분 나이에 늦은 것은 아무것도 없어요. 우리 사회는 유난히 속도에 대한 강박이 있습니다. 뒤처지는 것을 아주 쉽게 실패라고 단정 짓기도 하고요. 하지만 모든 꽃에는 저마다의 속도가 있지요. 우리 사회는 모든 꽃을 모아 놓고 봄에 피라고 명령하는 듯합니다.

청춘은 그 자체로 엄청난 특권이에요. 저는 여러분이 특권층이라는 점을 꼭 기억하고 하루하루 그 특권을 기쁘게 누리기를 바랍니다. 여러분의 새로운 여정을 진심으로 응원하고 축복할게요. 고개를 들고 가슴을 펴고, 또 익숙해지러 나가 보세요.

손잡이를 열어 봐!

쫌
근사한
철학자의
충고

일단 문을 열어 보세요. 무엇이 보이나요?

독일 유치원에는 재미있는 풍습이 있습니다. 선생님이 졸업하는 아이들을 유치원 밖으로 던져 주는 거예요. 물론 바닥에 폭신하고 두터운 매트리스를 깔아 놓고요. 이제 더 이상 아기가 아니라 의젓한 학생으로 세상으로 나간다는 의식 같은 거죠. 유치원 밖으로 던져지는 아이들을 보면서 저는 하이데거가 말한 '피투성(被投性, Geworfenheit)'을 떠올리곤 합니다('게보르펜하이트'라고 읽습니다). 앞서 잠시 언급했지만, 하이데거에 따르면 우리는 모두 '세상에 내던져진 존재들'이거든요. 데굴데굴, 아파하면서 굴러갑니다. 태어날 생각이 딱히 없었는데 눈을 떠 보니 이 세상에 던져져 데굴데굴 구르고 있죠.

굴러가다 보면 벽에 부딪혀 더 나아갈 수 없다는 생각이 들 때가 있습니다. 저 문을 열면 무서운 세상이 있을 것 같아 불안하기도 하고요. 그런데 로마 시대의 정치인이자 문학가, 철학자였던 세네카Seneca는 우리가 현실에서보다 상상 속에서 더 많은 고통을 받는다고 말합니다. 우리의 마음이 종종 미래에 관한 불안과 공포를 커다랗게 부풀려 스스로를 짓누른다는 거죠. 사실 공포 영화에서 가장 무서운 부분은 뭔가 일어나고는 있는데 정체를 모를 때입니다(차라리 나오라고 말하고 싶지만 그래도 안 나왔으면 좋겠다는 그 마음...). 눈에 보이지 않는 어떤 것이 끊임없이 신경을 거슬리게 하고 불안감을 줄 때, 우리는 그걸 가장 두려워해요. 하지만 막상 실체를 마주하면 의외로 두렵지 않고 생각보다는 경험할 만하다고 느끼는 경우가 많습니다.

비트겐슈타인은 내 쪽으로 잡아당겨야만 열리는 문 손잡이의 사례를 언급합니다. 문은 밖으로 밀어야만 열리는 것이라는 생각에 사로잡혀 있다면, 이 사람은 결코 자신이 갇혀 있는 방에서 나갈 수 없겠죠? 이 경우에 이 사람은 방에 갇힌 것이 아니라 자신의 생각 속에 갇혀 옴짝달싹 못 하는 겁니다. 이렇게 어떤 것에 가로막혀 있는 느낌이 들 때 우리가 의지할 수 있는 것 중 하나가 바로 철학이에요.

하이데거는 피투성과 함께 '기투성(企投性, Entwurf)'을 이야기합니다('엔트부르프'라고 읽습니다). 어떤 방향으로 스스로를 던지고 데굴데굴 굴러감으로써 새롭게 변화된 상황을 만들 수 있다는 말이죠. 앞서도 언급했듯이 나 스스로를 던질 수도 있지만, 타인을 던져 줄 수도 있어요. 자갈밭에서 구르는 타인을 그보다는 조금 나은 모래밭으로 던져 줄 수도 있는 거지요. 피투성은 필연이고 수동이지만, 기투성은 가능성이고 능동입니다. 나는 아주 무력하게 세상에 내던져지지만, 일단 던져져서 어느 정도 크고 나면 그때부터 구르는 방향이며 속도는 내 몫이에요. 옆에서 구르는 다른 이들과 어떻게 부딪힐지 판단하는 일도요.

그러니까 구르다 부딪힌 문을 과감히 열고 나가 보기 바랍니다. 어른들이 여러분이 구를 곳에 보다 폭신한 매트리스를 깔아 줄 수 있도록 열심히 노력할 테니, 너무 무서워하지 말고 나를 불안하게 하는 것들과 침착하게 대면해 보기 바라요. 사실은 여러분이 지금 여기 존재한다는 사실만으로 이미 여러분은 충분히 박수를 받을 만합니다. 영문도 모르고 내던져진 채, 여기까지 굴러온 그 힘에 진심으로 큰 박수를 보냅니다.

LANGUAGE

WORDS

NAMES

INNER STRENGTH
OUTER CHANGE

말의 힘도 기적을 일으키는 힘도 내 안에 있습니다.

타인을 어떻게 부르는가에 따라 내 앞에는 전혀 다른 세상이

열릴 것입니다. 기적을 일으키는 힘은 우리 안에 있음을 믿고,

껍질을 깨고 용기 있게 밖으로 나가 보세요.

문은 계속 열어 둘게요

책 속에서 한 해를 함께 걸었습니다. 열두 가지 고민을 나누며 생각의 힘이 한 뼘이라도 더 커졌는지, 여러분의 고단한 마음이 조금이라도 말랑말랑해졌는지 모르겠군요. 그동안 마음에 드는 철학자가 한 명 정도는 눈에 띄었는지, 그 점도 궁금하네요. 여러분 곁에 언제든 고민을 나눌 친구가 있다면 참 든든하고 따뜻하겠죠? 그렇게 마음이 힘들고 어깨가 무거울 때, 카톡 하나 보내고 싶은 철학자 한 명쯤 마음에 품고 살면 좋지 않을까 싶습니다. 가장 좋아하는 색깔, 가장 좋아하는 음식, 가장 좋아하는 연예인처럼 최애 철학자도 한 명 있으면 좋을 것 같은데 여러분 생각은 어떤가요? (저는 홉스 팬클럽을 조직해 볼까 생각했던 적이 있고, 시간에 따라 바뀌기는 했지만 현재의 최애는 장자입니다. 마음에 가장 소중하게 담고 있는 철학자는 슈클라고요. 아… 아무도 안 물어봤다고요? 흥.)

이 책의 마지막 장을 넘기면서 그간은 멀게만 느꼈던 철학이 사실 그렇게 몹쓸 것은 아니었구나 생각하게 되었다면 무척 기쁠 것 같습니다. 뭐 그럭저럭 곁에 둘만 하네, 이런 생각이 여러분에게 든다면 정말 보람 있을 거예요. 조금이라도 위로가 되었다거나, 궁금해진 철학자가 하나라도 생겼다면 얼마나 좋을까요.

"나는 생각한다, 그러므로 나는 존재한다." 데카르트의 이 유명한 말을 문자 그대로 풀자면 '생각이 존재를 규정한다'는 말도, '생각이 없다면 존재도 없다'는 말도 될 수 있을 것 같아요. 하지만 열두 달의 철학 상담을 마치면서, 저는 이 말을 무엇보다 생각이 우리 존재에 미치는 그 커다란 힘을 가리키는 것으로 해석해서 여러분 앞에 놓아 두고 싶습니다. 생각이 우리를 존재하게 할 수 있다, 즉 '생각이 우리를 구원할 수 있다'는 그런 말로요. 그러니 부단히 생각하기를, 그래서 스스로를 구원하길 바라요.

그런데 저는 여러분이 철학을 열심히 공부하지 않았으면 좋겠습니다. 이 양반이 마지막에 과연 지금 제정신인가 의심할 것 같은데요, 철학을 공부의 대상으로 여기지 말고 삶의 자세로 가지고 있기 바란다는 말입니다. 우리는 수학에 대해서 공부하느라 세상을 수학적으로 바라보는 기쁨을 찾지 못하고, 국어에 대해서 공부하느라 나와 너의 사이에 놓인 말과 글의 아름다움을 느끼지 못합니다. 미술에 대해서 공부하느라 미술 작품 앞에서 가만히 눈물 흘릴 기회를 갖지 못하죠. 그러므로 저는 철학이 여러분에게 목적어가 되지 않고 동사가 되기를 바랍니다. 철학자의 논리에 열심히 밑줄 그어 가며 공부하기보다, 내 마음에 품은 질문에 밑줄을 긋고서 철학하는 자세로 살기를 바라요. 철학은 대단한 것이 아니라, 그저 지혜를 사랑하는 일이고 삶을 사랑하는 일이라고 생각해도 좋습니다. 사랑하는 사람이 생기면 그 사람에 관해 궁금한 게 많아지지요? 누군가를 향한 질문이 많아지는 것은 그 사람에 대한 사랑이고, 세상에 관한 질문이 많아지는 것은 이 세상에 대한 사랑이라고 저는 믿어요. 저는 여러분이 결국 사랑으로 향하는 질문을 던질 수 있기를 바랍니다.

철학이 목적어가 아닌 동사가 되었으면 한다는 말은, 몸은 가만히 둔 채 머리만 굴리면서 사는 것을 경계하라는 말이기도 합니다. 머리로만 세상을 이해하려고 하지 말았으면 좋겠다는 뜻이에요. 앞서 철학은 머리뿐 아니라 몸, 마음과도 관계된 것이라고 말했지요. 생각이 뻗는 곳으로 몸이 움직였으면 좋겠고, 직접 부딪혀 가며 질문하고 답을 찾으면 좋겠습니다. 생각이 닿는 곳에 마음도 같이 닿았으면 좋겠고요. 가만히 들어앉아 공부만 잘하면 된다는 식의 사고방식을 누구보다 여러분 스스로 거부했으면 합니다. ('지혜로운 여자가 강 건너는 방법을 찾을 무렵, 미친년은 이미 강 건너에 가 있다'는 말 안에 든 아찔한 아이러니를 저는 무척 좋아해요.)

사실 인생의 어떤 문제들은 학문이나 앎을 통해서는 전혀 해결할 수 없다는 사실을 반드시 알아야 합니다. 인간 이성으로 모든 걸 이해하고 설명할 수 있다는 것은 오만이거든요. 이성은 복잡하기 그지없는 인간을 구성하는 한 부분에 지나지 않고, 철학 역시 삶을 대하는 여러 가지 방법 중 하나에 지나지 않는 것이니까요. 말로 도저히 담아낼 수 없는 순간들을, 내가 가진 생각의 범위를 넘어가는 일을 종종 만나는 것이 우리 삶입니다. 그러므로 세상을 이해하겠다고 홀로 얼굴을 구기고 앉아 있는 것보다, 아무 생각 없이 떡볶이를 입에 퍼 넣으며 사랑하는 친구들과 눈이 없어져라 웃는 게 때론 훨씬 중요할 수 있어요. 혼자 얻는 깨달음보다 함께 먹는 밥이 더 귀할 수 있고, 깨달음은 그렇게 생각을 비우고 있을 때 찾아오기도 하니까요. 그러므로 철학책 속 사랑의 개념을 이해하겠다며 오만한 자세로 부모님 마음을 아프게 하지 않기를, 정의를 탐구하겠다며 당장 내 방 창밖에서 어떤 일이 일어나는지도 모른 채 세상과 담을 쌓고 책만 뒤지지 않기를 바랍니다. 그렇게 사랑을 이해하겠다며 내 앞의 사랑에 상처 입히고, 정의를 탐구하겠다며 창밖의 불의를 간과하는 일이 공부의 이름으로 지속되지는 않았으면 해요. 그럼에도 불구하고 여전히, 생각이 여러분을 구원하기를 바랍니다.

이 책을 세심하게 다듬고 든든하게 이끌어 주신 김지영 편집자님, 책의 초안이 된 원고들을 함께 작업해 주신 남궁경원 편집자님, 예쁜 그림으로 책에 온기와 생기를 입혀 주신 윤예지 작가님께 특별히 감사의 마음 전합니다. 무엇보다 이 책을 집어 여기까지 읽어 준 여러분께 감사와 응원을 반반치킨처럼 담고 무도 많이 넣어(음?) 보냅니다.

상담소의 문은 계속 열어 둘게요. 꼬리에 꼬리를 무는 질문,

'왜비우스'의 띠를 이마에 두른 여러분이 이 페이지 저 페이지에
서 편하게 쉬어 갈 수 있는 다정한 장소가 되기를 바랍니다.